WHEN HISTORY MEOWS

고양이가 중국사의 주인공이라면

5

난세 삼국 편

페이즈(肥志) 편저
이에스더 옮김

Bunny on the Moon

서문

복잡한 심경으로 《고양이가 중국사의 주인공이라면》의 '한나라 말기와 삼국 시대'에 대한 모든 이야기를 끝냈다. 이는 우리가 비범했던 세월과 작별하고, 다음 역사의 장을 펼쳐야 한다는 뜻이다. 이 이야기를 마치기 전에 하고 싶은 말이 있다.

어떤 친구가 내게 이렇게 물었다.

"만약 《삼국연의》라는 소설이 없었다면, 삼국 시대 이야기가 이렇게 인기가 있었을까?"

나는 당연히 아니라고 생각한다. 어쨌든 고대 중국에는 천하를 삼킬 듯한 기개를 가진 수많은 호걸이 있으니 말이다. 앞에서 찾으면 항우, 유방, 한신 등이 있고, 뒤에서 찾으면 양견(楊堅), 이연(李淵), 이세민(李世民) 등이 있을 것이다. 하지만 삼국 시대는 그 자체로도 매우 중요하다. 예를 들어, '영웅'이라는 단어는 서한 시대에 나왔지만, 이를 누군가가 설명한 것은 삼국 시대였다.

"총명함이 뛰어나면 영(英)이라 하고, 담력이 뛰어나면 웅(雄)이라 한다."

다시 말해, 문무를 겸비한 인재만이 영웅이라고 불릴 수 있는 것이다. 이후 1000년 동안, 이 기준은 영웅이 되고자 하는 수많은 이들에게 영향을 끼쳤다. 이런 의미에서 보면, 삼국 시대는 중화 문명의 역사 여정에 깊은 영향을 주고 있다고 말할 수 있다.

이 외에도, 삼국 시대는 춘추 천국 시대를 잇는 또 하나의 문학, 예술, 사상 등이 크게 발전한 시기였다. 단지 그 시기의 전쟁 이야기가 너무나도 흥미진진해서 쉽게 간과될 뿐이다. 그러니 만약 독자 여러분이 관심이 생긴다면, 삼국 시대와 관련된 자료들을 찾아보는 것도 좋을 것이다. 어쩌면 색다른 즐거움을 얻게 될지도 모른다.

마지막으로, 《고양이가 중국사의 주인공이라면》을 위해 애써준 모든 분과 독자 여러분의 변함 없는 응원에 진심으로 감사의 마음을 전한다.
다음번에 또 만나길 기원하며.

차례

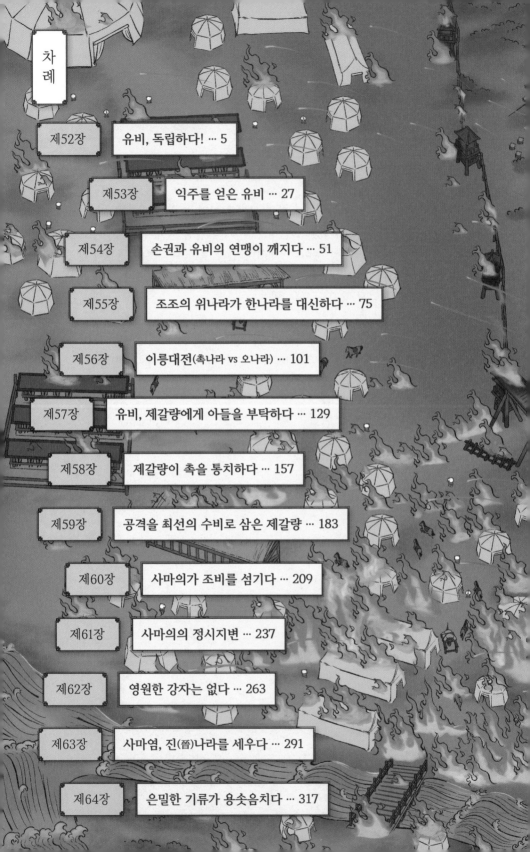

제 52 장

•

유비, 독립하다!

동한 말기는
혼전의 시기였어.

힘없이 물러난 형의 뒤를 이어

동한 황조는 갈수록
힘을 잃었고, 뒤이어 군벌의 할거,
혼전 국면이 나타났다.

주사오허우(朱紹侯)
《중국 고대사(中國古代史)》

어린 동생이 황위에 올랐고,

통치 계급인 군벌들은…
황실의 통치권이 흔들리는 틈을 타
군사를 일으켜 권력을 잡으려 했다.

판원란(范文瀾)
《중국통사 약본(中國通史簡編)》

군벌들은 10여 년 동안 서로 싸워댔지.

> 군벌들은 땅을 할거하고
> 서로를 공격했다.
> 판원란(范文瀾)
> 《중국통사 약본(中國通史簡編)》

결국, 남북 두 세력이
서로 맞붙게 되었어.

> 북방과…
> 남방 할거 세력 간의 갈등이
> 중국 내 가장 큰 갈등으로
> 부상했다.
> 군사과학원(軍事科學院)
> 《중국 군사 통사(中國軍事通史)》

그게 바로 그 유명한 적벽대전이야.

> 손권은… 유비와…
> 연합해 조조에 맞섰다.
> 그들은 적벽에서 맞붙었고,
> 그렇게 유명한 적벽대전이
> 발발했다.
> 주사오허우(朱紹侯)
> 《중국 고대사(中國古代史)》

---

1) 적벽(赤壁) : 지금의 후베이(湖北)성 자위(嘉魚)현 동북쪽 절벽. – 역주.

유비, 독립하다!

전쟁은 북방 세력의 패배로 끝이 났고,

적벽에서의
일전으로 조조군은
심각한 피해를 입었고…
조조 세력은
북쪽으로 물러났다.
바이서우이(白壽彝)
《중국통사(中國通史)》

그렇게 남방 세력은
자신들의 근거지를 지킬 수 있었어.

적벽대전을 통해 손권은
자신의 통치를 공고하게
만들 수 있었고, 유비 역시
이를 기회 삼아 강남으로
세력을 넓힐 수 있었다.
바이서우이(白壽彝)
《중국통사(中國通史)》

북방 대표 조조 고양이는

조조가 북방을
거의 평정하고 나서…
건안 13년(208년) 7월,
남방 정벌을 위해
군사를 일으켜
형주2)로 향했다.
바이서우이(白壽彝)
《중국통사(中國通史)》

2) 형주(荊州) : 지금의 후베이(湖北)성 징저우(荊州)시 지역. – 역주.

살아 돌아가긴 했지만,
큰 피해를 입었고…

조조의 전략 기동부대가
적벽대전에서 큰 피해를 당했다.
또한 남방과 비교했을 때,
수군이 특히 큰 차이로 열세였고,
배도 매우 적었으며,
장강(長江)에 대한 통제권도
완벽히 상실했다…
대부분 군사가 전쟁 중에
혹은 질병으로 사망해
그 가족들의 원성이 자자했고,
많은 백성이 유랑하게 되면서
심각한 사회적 문제가 되었다.

군사과학원(軍事科學院)
《중국 군사 통사(中國軍事通史)》

남방 대표인

유비 고양이와 손권 고양이,

9

세력을 일으킨 기성 세력과
그 세력을 지킨 신진 세력은…

건안 13년, 조조가 남방을 정벌했다…
유비는 하구(夏口)로 퇴각해
손권과 군사를 합쳤다.
장판(張帆)
《중국 고대 간사(中國古代簡史)》

손권이 26세였을 때 적벽대전은 적은
수로 많은 적을 무찌른 전쟁이었다.
서기 184년, 황건적의 난 때 유비는
24세였다…서기 208년 적벽대전까지
그는 20여 년간 수많은 전장을
전전했다(형주를 빌린 211년,
유비는 대략 50세였다. – 주석).
장따커(張大可)
《장따커 문집(張大可文集)·삼국사(三國史)》

함께 북방의 우두머리를 무찔렀으니
자연스레 한동안 '서로 죽고 못 사는 사이'가 되었지.

유비는 황실에 청을 올려 손권이
거기장군(車騎將軍)을
대행하게 하고,
서주목(徐州牧)을 겸임하게 했다.
유비는 형주목(荊州牧)을 맡았다…
《삼국지(三國志)·오주전(吳主傳)》

한쪽은 자신의 통치를 더욱
공고하게 만들었고, 다른 한쪽은
승리의 결실을 나눠 가졌어.

손권은 강릉(江陵), 하구(夏口),
육구(陸口), 형주 동부 절반을,
유비는 형주 남부 영릉(零陵),
계양(桂陽), 무릉(武陵), 장사(長沙)
4군을 점령했다.
바이서우이(白壽彛) 《중국통사(中國通史)》

하지만 정은 정이고, 계산은 확실해야지.

손권 연맹에서 손권 고양이의 능력이
더 좋았기 때문에,

유비는… 병력이
부대 하나 정도도 되지 않아
동오(東吳)는 그를 의심하거나
질투하는 마음을
전혀 품지 않았다.
군사과학원(軍事科學院)
《중국 군사 통사(中國軍事通史)》

당연히 그 세력도 더 강했어.

손권은 강하(江夏) 등
형주의 동부를 점령했고
근거지를 더욱 확장해서
강동에 대한 통치를
공고히 하는 등
얻은 것이 많았다.
바이서우이(白壽彝)
《중국통사(中國通史)》

그로 인해, 승리의 결실을 나눠 가질 때도
손권 고양이는 강동 전체를 점령했을 뿐만 아니라…

손권이 강동을 점령하고…
장따커(張大可)
《장따커 문집(張大可文集)·
삼국사(三國史)》

형주 일부도 손에 넣었지.

… 게다가,
형주에서 가장 전략적 의미가 있는
남군(南郡), 강하군을 쟁취했다.
군사과학원(軍事科學院)
《중국 군사 통사(中國軍事通史)》

그럼 유비 고양이는?
한쪽 구석에 있는 일부 지역만 받을 수 있었어….

유비는
형주 남쪽 4군만
점령할 수 있었다.
장따커(張大可)
《장따커 문집(張大可文集)·
삼국사(三國史)》

"만약 형주와 익주(益州)를 잘 다스리면서 밖으로는 손권과의 친분을 유지하고 있다가, 상황이 변했을 때 형주와 익주에서 동시에 군을 일으켜 북진한다면, 패업을 이룰 수 있을 것입니다"라는 말은 유비가 훗날 업적을 이루는 데 기준이 되었다.

푸러청(傅樂成)《중국통사(中國通史)》

하지만 알다시피 유비 고양이는
야망 있는 고양이잖아?

비록 시작할 때부터
운이 좋지 않은 편이었지만 말이야.

유비는 중원 쟁탈전에서 기복을 거듭했다.
장따커(張大可)
《장따커 문집(張大可文集)·
삼국사(三國史)》

군벌 혼전 시기에 그(유비)는 도겸, 여포 등에게 의탁했으나… 관도대전 당시, 그는 원소에게 의탁했다가 원소가 패하자 다시 형주로 가서 유표에게 의지했다… 조조의 군대가 형주에 도착하기도 전에 유표가 병으로 세상을 떠났다.

주사오허우(朱紹侯)
《중국 고대사(中國古代史)》

벼슬길도 순탄하지 않았고…

부인과 자식이 적들에게
끌려가는 일이 많았지.

여포(呂布)가
선주3)의 처자식을 사로잡자
선주는 군을 돌려
해서(海西)에 주둔했다.
… 다시 선주의 처자식을
사로잡아 여포에게 보냈다.
조조는 그 군사들을
모두 거두고 선주의 처자식을
붙잡았으며,
관우까지 사로잡아 돌아왔다.
선주는 처자식을 버리고…
《삼국지(三國志)·선주전(先主傳)》

이제 나이도 오십인데,
아직도 이렇다 할 업적도 세우지 못했어.

서기 207년, 조조는
북방을 통일했으나 유비는
여전히 남에게 얹혀사는 신세였다.
유비가 중원을 쟁탈할 기회가
다시는 없을 것으로 보였다.
그는 24세에 군사를 일으켜
20여 년 동안 남북을 전전했다…
"노년이 코앞인데 아무 업적도
이루지 못했다."
장따커(張大可)
《장따커 문집(張大可文集)·삼국사(三國史)》

근데 어떻게 이 방구석에만
있을 수가 있겠어?!

3) 선주(先主) : 유비를 뜻한다. - 편집자 주.

그래서, 그는 손권 고양이를
찾아가기로 했지.

선주가 경구(京口)에 이르러
손권을 만나고,
서로 간의 정을 견고히 했다.
《삼국지(三國志)·선주전(先主傳)》

당시 상황은 이랬어. 지리적으로 봤을 때,
손권 고양이의 근거지는 조조 고양이의 근거지와 완전히 맞닿아 있어서,

당시의 지리적 형세로 봤을 때,
조조에 맞서야 하는 압박을
동오가 오롯이 지고 있었다.
군사과학원(軍事科學院)
《중국 군사 통사(中國軍事通史)》

조조 고양이가 공격해온다면,
이는 전부 손권 고양이가 받아내야 했지.

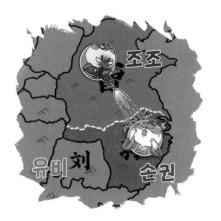

동오는… 조조에 맞서는
제1 전선에 놓여 있지만,
유비는 강남에 위치하므로
제2 전선에 놓였다.
동오가 의무적으로 유비를 위해
조조군을 막아줘야 하는 셈이었다.
군사과학원(軍事科學院)
《중국 군사 통사(中國軍事通史)》

이것은 손권 고양이에게
엄청난 압박이었어….

이런 형세는 동오 입장에서
수지타산도 맞지 않고
너무 힘에 부치는 일이었다.
군사과학원(軍事科學院)
《중국 군사 통사(中國軍事通史)》

그런데 이때, 유비 고양이가 나타난 거지.

그는 손권 고양이에게,
형주의 남군을 넘겨주면
조조 고양이의 공격을 함께
받아내주겠다고 말했어.

유비는 만약 동오와 협의해
자신이 남군을 지키게 된다면,
자신은 오래도록 바랐던
남군을 얻을 수 있고,
동오는 조조군에 대한 압박을
덜 수 있을 것으로 생각했다.
군사과학원(軍事科學院)
《중국 군사 통사(中國軍事通史)》

이 방법은 손권 고양이의 마음을 움직였지.

그래….

손권이 재차
이해득실을 따져봤다…
유비를 후하게 대접했다.
장따커(張大可)
《장따커 문집(張大可文集)·
삼국사(三國史)》

바로 옆에 있는 익주로 넘어가려면,
반드시 남군을 통과해야 하므로,

강릉이 위치한 남군에서
장강을 장악하고…
익주와 형주 북쪽 완(宛)현과
낙양(洛陽)을 손에 넣기 위해
반드시 거쳐야 하는
출발 지점이었다.
군사과학원(軍事科學院)
《중국 군사 통사(中國軍事通史)》

익주
益州

남군
南郡

유비 고양이에게 미리 인심을 써두면
나중에 익주를 칠 때 힘을 합칠 수도 있을 것 같고,

손권은 사자를 보내
함께 촉(익주)을
취하자고 했다.
《삼국지(三國志)·
선주전(先主傳)》

계산해보니 꽤 수지타산이 맞는 일이었어

> 그(손권)는 장강 이남의
> 남군 지역을 유비에게
> 빌려주기로 했다.
> 바이서우이(白壽彝)
> 《중국통사(中國通史)》

와~!!

빌려줄게.

이게 바로 그 유명한
'형주를 빌려준' 사건이야.

형주를 빌리다.

예!

성공이다!

> (유비는) 다시 손권에게서
> 형주를 빌렸다.
> 《삼국지(三國志)·
> 선주전(先主傳)》
> 주석《강표전(江表傳)》

이 사건은,
훗날 중요한 역사적 전환점이 되지.

南郡 남군

바로 그때부터, 유비 고양이가 지리적 속박에서
벗어나기 시작했기 때문이야.

유비가 형주를 빌려 얻음으로써
하나의 세력으로 설 수 있는
권리를 갖게 되었다.
그는 그 세력을 계속 확장하길 원했다.
장따커(張大可)
《장따커 문집(張大可文集)·삼국사(三國史)》

비록 손권 고양이의 압박을
나눠 가지긴 했지만,

(유비는) 또한 동오에게
조조에 맞설 수 있도록
실질적인 도움을 주었다.
군사과학원(軍事科學院)
《중국 군사 통사(中國軍事通史)》

자신의 입지를 다질
충분한 지역을 얻었고,

유비가 남군을 빌리면서,
기존에 가지고 있던 남쪽 4군까지
형주의 7군 중 총 5군을
가지게 되면서 거의 형주 전체를
점령하게 되었다.
군사과학원(軍事科學院)
《중국 군사 통사(中國軍事通史)》

익주로 향하는 통로도 장악했지.

유비가 형주를 점령하면서,
서쪽으로 무(巫)현, 자귀(秭歸)현을
지나 익주를 향할 수 있었다.
군사과학원(軍事科學院)
《중국 군사 통사(中國軍事通史)》

수십 년간 달려온 천하를 다스리는 여정에
비로소 서광이 비치는 듯했어.

유비는 208년 적벽대전 이후
… 세력이 빠르게 커졌다.
장따커(張大可)
《장따커 문집(張大可文集)·
삼국사(三國史)》

하지만, 바로 이 사건이
'삼국' 분쟁의 후반전 시작을 알리는 휘슬을 분 셈이기도 했지.

멀리 보면, 남군을 빌린 일이
훗날 분쟁의 씨앗이 되었다.
군사과학원(軍事科學院)
《중국 군사 통사(中國軍事通史)》

또한, 이는 유비 고양이 무리에게도
숨겨진 불안한 우환거리가 되었어.

이런 훗날의 분쟁에서
유비는 남군 때문에
조조와 동오 양쪽으로부터
공격받는 불리한 형국에
놓일 수밖에 없었다.
군사과학원(軍事科學院)
《중국 군사 통사(中國軍事通史)》

그렇다면, 유리한 고지에 선 유비 고양이는

▷ 어떻게 세를 확장해야 할까? ◁

형주를 얻은 것은
유비의 거대한 계획의
첫걸음일 뿐이었다…
두 번째로는…
바이서우이(白壽彝)
《중국통사(中國通史)》

이어서 계속

편집자의 말 ◇◇◇◇◇◇◇◇◇◇◇◇◇◇◇◇◇◇◇◇◇◇◇◇◇◇◇◇◇◇

　　형주를 '빌린' 일에 대해, 손권과 유비의 생각에 큰 차이가 있었다. 《삼국지(三國志)》에서도 손권 진영에서만 명확하게 '빌렸다'라는 언급이 있다. 예를 들어, 《삼국지(三國志)·노숙전(魯肅傳)》에서는 유비가 찾아와 "형주를 관할하게 해달라"고 말했을 때, 노숙은 "땅을 빌려주기를 손권에게 권했다"라고 되어 있다. 《삼국지(三國志)·오주전(吳主傳)》에서는 유비가 형주를 돌려줄 것을 거절하자 손권 역시 "빌린 것을 돌려주지 않는다"라고 말했다고 되어 있다. 하지만 유비 쪽 기록에서 사용한 단어는 매우 모호하다. 《삼국지》에서 유비가 강동으로 찾아간 것은 "서로 간의 정을 공고히 하기 위해서"였고, 손권이 형주를 요구했을 때도 그는 "양주를 얻으면 형주를 주겠다"라는 핑계를 댔을 뿐, '빌린다'거나 '돌려준다'라는 표현을 쓰지 않았다. 어떤 의미에서 손권은 형주를 '빌려준 것'이라고 생각했지만, 유비는 형주를 '얻어낸 것'이라고 생각했다. 게다가 자신이 손권을 도와서 조조 군에 대한 부담을 함께 졌으니 도의적으로도 전혀 돌려줄 필요가 없다고 생각했다. 이로 인해, 손권과 유비가 훗날 겪게 될 수많은 갈등에 있어 형주가 주요한 원인 중 하나라고 볼 수 있는 것이다.

조조 역 - 전병　　　　손권 역 - 꽈배기　　　　유비 역 - 해바라기씨

참고 문헌 : 《삼국지(三國志)》, 주사오허우(朱紹侯) 《중국 고대사(中國古代史)》, 판원란(范文瀾) 《중국통사 약본(中國通史簡編)》, 바이서우이(白壽彝) 《중국통사(中國通史)》, 군사과학원(軍事科學院) 《중국 군사 통사(中國軍事通史)》, 장판(張帆) 《중국 고대 간사(中國古代簡史)》, 장따커(張大可) 《장따커 문집(張大可文集)·삼국사(三國史)》, 푸러청(傅樂成) 《중국통사(中國通史)》

감동이긴 하지만, 거절한다.

적벽대전 이후 조조는 유비와 다시 관계를 맺고 싶었어. 그래서 정성 들여 편지도 쓰고, 선물로 향료도 엄청나게 보냈지. 하지만 안타깝게도 손권과 유비 연맹은 견고했고, 조조를 전혀 신경 쓰지 않았어.

다시는 보지 말자

유비가 남군을 빌려 돌아온 뒤, 손권의 생김새나 기세가 너무 무서워서 온몸에 식은땀이 났다고 말했어. 그리고 다시는 손권을 만나고 싶지 않다고도 했지.

"나는 반대야!"

손권의 부하인 대장군 주유는 유비를 몹시 싫어했어. 그래서 유비가 남군을 빌리러 왔을 때, 주유는 심하게 반대했지. 게다가 그 기회에 유비를 잡아두고 남방을 통일하려고도 했어.

야옹이들의 프로필

<업데이트를 기다리며>

다음 주가 빨리 왔으면….

이번 주 업데이트는 정말 최고였어!

빨리 와라….

빨리 와라….

음….

음….

안 되겠다! 하나만 더 봐야지!

<과몰입>

작가 최고다! 너무 재미있어!

세상에! 스토리가 어쩜….

전병은 순정 만화를 정말 좋아한다.

여주가 드디어 남주한테 고백했어!

칼과 장미

왜 하필 두 집이 서로 원수인 거야?

위험해 보여! 울었다가 웃었다가 무서워!

으앙!

엉ㅡㅡ마ㅐㅐ!!

엄마! 저 사람 무서워!

쟤 왜 저래?

24

전병

물고기자리
생일 : 3월 3일
키 : 182cm
잘하는 운동 : 수영
좋아하는 색깔 : 분홍색

(인간 전병 소개)

25

제 53 장

•

익주를 얻은 유비

삼국의 역사에서
조조 고양이는 효웅[4]이었고,

(조조는) 오로지 효웅이
되고자 했다.
《삼국지(三國志)·
동이원유전(董二袁劉傳)》
주석《헌제춘추(獻帝春秋)》

유비 고양이는 인주[5]였어.

선주는 뜻이 넓고 굳세며,
너그럽고 후하고
《삼국지(三國志)·선주전(先主傳)》

빛과 그림자와 같은 존재들이었지.

유비가 말하길
"조조는 지금 나와
물과 불같은 관계에 있다.
조조는 성격이 급하지만
나는 너그럽고, 조조는 사납지만
나는 어질고, 조조가 속일 때
나는 충성스러웠다.
매번 조조와 반대로 해서
뜻을 이룰 수 있었다."
《삼국지(三國志)·방통전(龐統傳)》

---

4) 효웅(梟雄) : 사납고 용맹스러운 인물. - 역주.
5) 인주(仁主) : 어진 군주. - 역주.

'어질고 의로운 유비 고양이'에 대해서는
정사에서도 많이 다루고 있지만…

남군 당양(當陽)에 도착했을 때
10여만 무리와 수천 수레가
하루 10여 리밖에 못 가자,
따로 관우에게 배 수백 척을 이끌게 해
남군 강릉에서 만나기로 했다.
누군가 선주에게 "빨리 행군해 강릉을
보호해야 합니다. 갑옷 입은 이들이 적으니,
조공의 군사를 어찌 막겠습니까?" 하니
"큰일을 이루려면 사람이 근본이다.
내게 돌아온 사람들을
어찌 버리겠나!"라고 했다.

《삼국지(三國志)·선주전(先主傳)》

소설 《삼국연의》에서의 그는
너무 '어질고 의로워서' 진부할 정도야.

《삼국연의》에서 말한
유비의 인자함과 너그러움은
거짓과 같다.

루쉰(魯迅)
《중국소설사략(中國小說史略)》

근데,
유비 고양이는 정말 그렇게
착하고 바르기만 했을까?

당연히 아니지!

그(유비)는 신의를 중시하지만,
절대 그것에 매이지 않는다…
유비에게도 분명 남을 속이려는
은밀한 마음이 있다.

장쯔야오(張作耀)《유비전(劉備傳)》

그 시대에
유비 고양이에게도 효웅과 같은 면이 있었어.

주유가 상소를 올려 말하길
"유비에게 효웅의 자태가 있고…"

《삼국지(三國志)·주유전(周瑜傳)》

예를 들어, '유비의 입촉6)' 때,
유비 고양이의 '무서운' 면이 여실히 드러났지.

서기 211년, 유비는…
곧장 보병 수만을 이끌고
물길을 따라 촉으로 진입했다.

왕중뤄(王仲犖)
《위진 남북조사(魏晉南北朝史)》

---

6) 유비의 입촉(劉備入蜀) : 유비가 익주의 유장(劉璋)을 공격해 익주를 얻어, 훗날 촉한의 기반을 다
진 사건. – 역주.

촉은 익주 지역을 가리키는 말이었어.

파촉, 지명. 진(秦)이
촉(蜀)군을 세웠고,
이는 익주 지역을 말한다.
《강희자전(康熙字典)》

익주는 지금의 쓰촨(四川)과 충칭(重慶) 등
지역에 걸쳐 있는 곳으로,

촉한은… 지금의
쓰촨 동부와 충칭… 일대를 이른다.
《현대 한어 사전 (現代漢語辭典)
(제7판)》

끝없이 넓은 비옥한 땅과
풍부한 자원이 있는 곳이었지.

음식이
좀 맵겠
지만.

익주는 그 지형이 험준하고
막혀 있는 구조이고,
기름진 들판이 펼쳐져 있으며
자원이 풍부한 땅이었다.
《삼국지(三國志)·제갈량전(諸葛亮傳)》

적벽대전 이후,
넓은 지역 중 하나였던 형주는

건안 13년 7월,
(조조가) 남쪽 형주를 정벌하려
진군했다.
바이서우이(白壽彝)
《중국통사(中國通史)》

이미 분배가 끝났고,

조조, 손권, 유비 세 세력이
형주를 나눠 가졌다.
바이서우이(白壽彝)
《중국통사(中國通史)》

'기름진' 익주가
자연스레 다음 목표가 되었어!

211년… 조조가 종요[7]를 보내
한중[8]을 정벌하니, (익주목) 유장은
코앞까지 다가온 조조에
공포를 느꼈다.
군사과학원(軍事科學院)
《중국 군사 통사(中國軍事通史)》

---

7) 종요(鍾繇) : 동한 말기의 정치가. – 역주.
8) 한중(漢中) : 지금의 산시(陝西)성 서남부 지역의 장노(張魯, 동한 말기의 군벌). – 역주.

이런 상황이 되자
익주를 관할하던 유장 고양이는 살기 위해
지푸라기라도 빨리 잡아야 하는 상황이었지.

장송[9]이 유장에게
선주를 맞아들이라고
설득했다.
《삼국지(三國志)·
법정전(法正傳)》

형님, 그건 그냥
들풀이에요….

어떤 걸
잡아야 하려나?

고민 끝에,
같은 유 씨 가문인 유비 고양이가
그의 첫 번째 선택을 받았어….

나는 유비
劉備
투자 상담!!
400785600

이렇게
이렇게
이렇게
…

장송이 이를 근거로 유장을 설득했다.
"유비는 유씨 종실이자 조공의
깊은 원수이며, 용병술이 좋습니다…
유비를 얻지 못하면
밖으로는 적의 공격을 받고,
안으로는 백성들의 공격을 받을 것이니,
반드시 패배할 것입니다."
《자치통감(資治通鑑)·한기(漢紀) 66》

전체적인 상황을 종합해보면,
유비 고양이는 조조 고양이를 무찌르는 데
일조했을 뿐만 아니라…

서기 208년에 발생한
적벽대전에서… 그 결과,
손권과 유비 연합이 승리하고,
조조가 크게 패했다.
장따커(張大可)
《삼국사 연구(三國史研究)》

lose

WIN

---

9) 장송(張松) : 익주목 유장의 보좌관. – 역주.

익주로 통하는 남군을 장악한 고양이었어.

또한, 손권은
유비의 요청에 따라 남군을
그에게 빌려주었다.
이것이 바로 소위
'형주를 빌린' 사건이었다.
바이서우이(白壽彝)
《중국통사(中國通史)》

이런 빛나는 이력 덕분에,
유장 고양이는 유비 고양이와 관계만 맺을 수 있다면
아무 걱정도 없을 것으로 생각했지.

나를 믿으면,
아무 일 없을 거야….

유비야….

장송이 이를 근거로 유장을 설득했다…
"만약 유비에게 장로를 토벌하게 한다면, 장로는 반드시 격파될 것입니다.
장로가 격파되면, 익주는 강해질 것이고, 조공이 온다고 해도,
할 수 있는 일이 없을 것입니다…" 유장도 그렇게 생각했다.
《자치통감(資治通鑑)·한기(漢紀) 66》

안타깝게도, 유비 고양이는 그렇게 말을 잘 듣는 타입은 전혀 아니었어.

우선, 남군은 손권 고양이에게서 '빌린' 것이었고,

노숙이 손권에게
유비한테 형주를 빌려주고,
함께 조조에 맞설 것을 권했고,
손권은 그 말에 따랐다.
《자치통감(資治通鑑)·
한기(漢紀) 66》

손권 고양이는
원래 그와 함께 익주를 '먹을' 생각이었지.

손권은 유비에게 사자를 보내
함께 익주 점령을
도모하는 것에 대해 상의했다.
바이서우이(白壽彝)
《중국통사(中國通史)》

하지만 남군을 손에 넣은 뒤,
유비 고양이는 곧장 길을 막아버렸어….

> (유비는) 관우는 강릉에,
> 장비는 자귀현에 주둔하게 하고,
> 제갈량은 남군에,
> 자신은 형주 잔릉군(屏陵郡)에
> 주둔했다.
> 《삼국지(三國志)·선주전(先主傳)》
> 주석《헌제춘추(獻帝春秋)》

게다가 혼자
익주로 진출했지.

익주 쪽에서는
유비 고양이가 북쪽의 조조 고양이에
대항하는 것을 도와주길 바랐어….

> 유장은 조조에 맞서기 위해
> 법정을 형주로 보내
> 4천의 병력과 후한 선물로
> 유비를 맞이했다.
> 바이서우이(白壽彝)
> 《중국통사(中國通史)》

그래서 그를 익주로 들이고
수많은 군대와 물자까지 지원했지.

유장이 각 지역에 칙령을 내려 유비에게 필요한 물품을 제공하게 했다.
유비는 익주를 제집 드나들 듯했고,
유장이 유비에게 제공한 각종 물자가 수억 개에 달했다…
유장은 유비에게 병력을 지원해주고 군용 물품도 지원했다.

《자치통감(資治通鑑)·한기(漢紀) 66》

유비 고양이는 명목상으로는 도움 요청에 응한 것이었지만,

부탁해!

걱정마!

사실은 여기저기 도움을 주면서
마음을 사는 거였어.

파이팅 파이팅

때가 되자,

사랑해요 ♥ 유비 님 사랑해요 ♥ 사랑해요
시작해! 유비 님

유장 고양이를 포위해버렸지….

엇?! 뭐야?

결국, 유장 고양이는
순순히 익주를 내줄 수밖에 없었어.

(건안) 19년(214년) 여름,
낙성이 격파되었다.
유비가 진군해서
익주 성도(成都)를
포위한 지 수십 일 만에
유장이 나와 항복했다.

《삼국지(三國志)·
선주전(先主傳)》

이 사건을 보면,
유비 고양이는 별로 어질지도,
의롭지도 않다고 할 수 있어.

유장에 대한 유비의 태도는
아주 확실하게 은혜를
원수로 갚는 것이었다.

장쮀야오(張作耀) 《유비전(劉備傳)》

동맹을 속이고
'친한 친구'까지 속였으니까.

하지만, 시대적인 관점에서 보면
그렇게 비난받을 일은 아니야.

대업을 이루려던 역사 속 인물 중
신의 자체가 목표이고,
이를 흔들리지 않고 지키는 사람은
드물다… 도의적으로 보면
본보기 삼을 만한 것은 아니지만,
정치적 투쟁의 참혹함에 비하면
그렇게 많은 책임감을
느껴야 할 필요는 없을 것도 같다.
장쭤야오(張作耀)《유비전(劉備傳)》

서로 속고 속이던 난세에서
오늘 속이지 않으면,
내일 죽을지도 모르는 일이었거든.

유비 고양이의 어질고 의로운 모습은
사실 부하나 백성들을 대할 때 더 많이 나왔어.

유비와 관우, 장비는 잠자리를 같이할 정도로 형제처럼 우애가 깊었고,
조운(趙雲)과도 함께 잤다. 삼고초려를 통해 제갈량을 맞았고,
효도를 다하게 하려고 서서[10]를 북으로 보내기도 했다.[11]
이는 유비가 능력이 좋고, 덕이 많은 현명한 인재를 열심히 찾았을 뿐만 아니라
그의 너그럽고 어진 마음, 신의를 발견할 수 있는 대목이다.
장따커(張大可) 《삼국사 연구(三國史研究)》

그는 "사람의 마음을 얻는
자가 천하를 얻는다"라는
이치를 알았고,

유비는 중원 쟁탈전을 벌이며 흥할 때도 쇠할 때도 있었지만,
자신의 너그럽고 어진 마음, 신의를 놓지 않았다.
장따커(張大可) 《삼국사 연구(三國史研究)》

10) 서서(徐庶) : 유비의 첫 번째 참모. 유비에게 제갈량을 추천한 인물. - 역주.
11) 조조는 유비의 참모인 서서가 효심이 깊은 사람이라는 것을 알고, 서서의 어머니를 볼모로 잡은 뒤
    서서에게 편지를 보내 북으로 오게 했다. - 역주.

줄곧 관대한 정치를 펼쳤기 때문에
정사에도 그의 착취에 대한 기록은 남아 있지 않아.

> (유비는) 관대한 정치를 펼쳤고,
> 역사에 그의 착취에 대한
> 기록은 없다.
>
> 장쭤야오(張作耀)
> 《유비전(劉備傳)》

> 역사적 기록에서 보면
> 원소, 공손찬, 조조, 여포 등의
> 할거 세력들은 모두 군대를
> 방임해서 백성들을 약탈하거나
> 학살한 기록들이 있는 반면,
> 유비 무리가 점령하고 통치한
> 지역에서는 그런 모습들을
> 거의 찾아볼 수 없었다.
>
> 리잉(李英)
> 《중국전쟁통감(中國戰爭通鑑)》

심지어 어떤 지역을 정벌할 때도,
학살하지 않았기 때문에 인주라고 할 만했지.

한편, '작업' 당한 유장 고양이는
조금 '바보' 같아 보이긴 하는데….

유비 고양이를 끌어들이고
땅도 빼앗겼으니 말이야.

유장은…
성 밖으로 나가 투항했다.
유비가 평화롭게 성도를 점령했다.

군사과학원(軍事科學院)
《중국 군사 통사(中國軍事通史)》

유장이 말하길
"우리 부자가 20여 년 동안
익주에 있으면서, 백성들에게
은덕을 베푼 적이 없다.
3년 동안 전쟁을 치르면서
백성들의 시체를 초야의 비료가
되게 한 사람이 바로 나 유장인데,
어찌 마음이 편할까!"
그리고 마침내 성문을 열고 나와
항복했다…."

《삼국지(三國志)·유이목전(劉二牧傳)》

하지만 그런 투쟁의 시대에
'용감하게' 투항함으로써,
익주 백성들이 전쟁으로 인한
피해를 받지 않게 해주었어.

하마터면 큰일 날 뻔했다….

그는 강한 사람은 아니었지만, 좋은 사람이었으니
그를 비웃어서는 안 되겠지.

흑….

어찌 되었든,
이 사건으로 유비는 두 주(州)를 거느리는
대군벌이 되었고,

유비가 유장의 익주를
점령하면서 융중대[12]에서
형주와 익주를 얻는
계획을 완성했다.
군사과학원(軍事科學院)
《중국 군사 통사(中國軍事通史)》

조조와 손권 두 고양이와 어깨를 나란히 할 수 있게 되었어.

214년에 유비가 익주를 점령하고 나서,
손권과의 일종의 대여 관계는 유명무실해졌다.
유비는 조조에 맞서면서 동오를 막고 있었다.
군사과학원(軍事科學院) 《중국 군사 통사(中國軍事通史)》

---

12) 융중대 : 제갈량이 유비를 위해 낸 책략. 이미 세력을 갖춘 조조와 손권을 이길 수 없으니, 익주와
형주를 먼저 취하고, 손권과 손잡아 조조를 물리친 뒤 천하는 얻으라는 내용이다. – 역주.

천하를 셋으로 나눈 세력들을
이미 막을 자가 없었지,

215년(유비가 처음
익주를 점령했을 때)부터…
세 개의 세력은 더욱 커져서
한동안 누구도 누굴
어찌할 수 없었다.
군사과학원(軍事科學院)
《중국 군사 통사(中國軍事通史)》

하지만 동맹이었던 손권 고양이가

유비의 힘이 이렇게 커지도록
그냥 내버려 두었을까?

2개 주를 점령하면서
위풍당당하게 상류를
차지할 수 있었다.
(유비는) 동오에 위협이 되었고,
동오도 이로 인해 심히 불안했다.
군사과학원(軍事科學院)
《중국 군사 통사(中國軍事通史)》

이어서 계속

편집자의 말 ◇◇◇◇◇◇◇◇◇◇◇◇◇◇◇◇◇◇◇◇◇◇◇◇◇◇◇◇◇◇◇◇

유비가 익주를 얻을 때 세 사람이 핵심적인 역할을 했다. 그중 두 사람은 장송과 법정(파촉의 책사)이었는데, 그들은 유비가 익주를 취할 수 있도록 '전략적 도로'를 깔았다. 두 사람은 유비야말로 익주를 지킬 수 있는 훌륭한 군주라고 생각했기 때문에, 장송은 유장을 설득해 유비가 촉에 들어와 군대를 주둔할 수 있게 했고, 법정은 유비에게 이 기회에 익주를 취할 것을 권했다. 그들은 유비를 위해 익주 군대의 자세한 사정을 제공하기도 했다.

나머지 하나는 '봉추' 방통으로, 그는 유비를 위해 '정신적 도로'를 깔았다. 유비는 익주를 취하고 싶었으나, 다른 사람을 속이는 것에 대해 여전히 고민이 있었고, 자신의 '어질고 의롭다'라는 평가에 맞지 않는다고 생각했다. 하지만 방통은 임기응변이 필요한 시대에 약자를 합병하고, 어리석은 자를 공격해서 이기는 것이 바로 패업을 달성하기 위해 반드시 거쳐야 하는 과정이라고 생각했다. 이 말 덕분에 유비는 불편한 마음이 해소되고 과감하게 군을 이끌고 촉으로 진입했다. 훗날 유비는 패업에 도전할 자격을 얻음과 동시에 투항한 유장을 우대함으로써 '어질고 의롭다'라는 평가를 지키는 데도 힘썼다.

조조 역 - 전병

손권 역 - 꽈배기

유비 역 - 해바라기씨

참고 문헌 : 《삼국지(三國志)》, 《강희자전(康熙字典)》, 《자치통감(資治通鑑)》, 《현대 한어 사전(現代漢語辭典) (제7판)》, 루쉰(魯迅) 《중국소설사략(中國小說史略)》, 장쮜야오(張作耀) 《유비전(劉備傳)》, 왕중뤄(王仲犖) 《위진 남북조사(魏晉南北朝史)》, 바이서우이(白壽彝) 《중국통사(中國通史)》, 군사과학원(軍事科學院) 《중국 군사 통사(中國軍事通史)》, 장따커(張大可) 《삼국사 연구(三國史研究)》, 리잉(李英) 《중국전쟁통감(中國戰爭通鑑)》

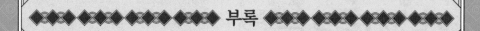
편안한 여생을 보내다

익주목이었던 유장은 유비에게
투항한 후, 유비 밑에서 일하다
가 병으로 세상을 떠났어. 자신
의 '나라'를 잃은 사람치고는 나
쁘지 않은 마지막이었지.

책사 봉추

유비가 익주를 취할 때, 한 책사가
그에게 상, 중, 하 세 가지 계책을 내
어 도왔어. 이 책사가 바로 제갈량
과 함께 '와룡봉추13)'라고 불리며,
그중 봉추를 담당하는 방통이야.

빌리고 갚지 않다

유비가 익주를 얻자, 손권이 찾아와 남
군을 돌려달라고 했어. 하지만 뜻밖에
도 유비는 모르쇠로 일관했지. 이게 바
로 흔히 말하는 "유비가 형주를 빌리
다"라는 말의 유래야.

---

13) 와룡봉추(臥龍鳳雛) : 엎드려 있는 용과 봉황의 새끼라는 뜻으로, 초야에 숨어 있는 훌륭한 인재를 이
르는 말이다. 《삼국지연의》에서 사마휘는 유비에게 "와룡과 봉추, 둘 중 하나만 얻어도 천하를 얻을
것"이라고 말했다. 와룡은 제갈량이고, 봉추는 방통을 뜻한다. – 역주.

야옹이들의 프로필

<면접 후>

감사합니다. 들어가 보겠습니다.

면접장

와~

면접장

꽈배기가 이렇게 겁보 고양이 라니까.

<미래는 어디에>

마음의 준비가 됐어.

면접 뒤 꽈배기는 종일 전화기 옆에서 결과를 기다리고 있다.

왜 아직도 소식이 없지…

그렇게 한 달이 지났다…

내가 뭘 잘못했는데? 내 미래는 어디는 거야?!

꽈배기는 세상이 싫어져 버린 것 같아 슬펐어.

전화 요금 내는 걸 깜빡했네.

고객님의 요금이 미납되어…

그가 중요한 사실을 발견하기 전까지는…

48

염소자리
생일 : 12월 24일
키 : 178cm
잘하는 운동 : 에어로빅
좋아하는 색깔 : 회색

(인간 꽈배기 소개)

제 54 장

●

손권과 유비의 연맹이 깨지다

조조에 반격하기 위한
손권, 유비의 연합 협정이
바로 이때 체결되었다…
조조는 강릉에서부터 물길과
육로를 통에 동쪽으로 전진했고,
손권과 유비 연합군은
형주 강하군 번구(樊口)와 하구에서
물길을 따라 올라갔다.
두 군은 적벽에서 만났다.

바이서우이(白壽彝)
《중국통사(中國通史)》

손권 고양이와 유비 고양이의 연맹은
적벽대전 당시 맺어진 거였어.

두 사람은 힘을 합쳐
조조 고양이를 때려눕혔지.

적벽대전에서
손권, 유비 연합이 승리했다.

장쥐야오(張作耀)《손권전(孫權傳)》

하지만 싸움이 끝난 뒤,
연맹에는 미묘한 기류가 흐르는데…

전쟁이 끝나고
유비 세력이 커지면서
동오와의 관계에
겉으로 드러나지 않은 문제들이
쌓이기 시작했다.

군사과학원(軍事科學院)
《중국 군사 통사(中國軍事通史)》

손권 고양이는 이 관계를
전보다 더 중요하게 생각해서

당시 연맹을
공고하게 다지려 애쓴 것은
유비가 아닌 손권이었다.
천진평(陳金鳳)
'익주 전략과 오촉의
관계(益州戰略與吳蜀關係)'

유비 고양이가 찾아와
남군을 빌려달라고 했을 때

유비가 직접 강동으로
손권을 찾아와 강동에서
점령하고 있는 형주 땅을 나눠
자신이 관할하게 해달라고
요청했다.
바이서우이(白壽彝)
《중국통사(中國通史)》

좀 해줘,
동생.

손권 고양이는 그렇게 해주었어.

南郡 남군

손권은
또 유비의 요구를 들어주었고,
그에게 남군을 빌려주었다.
바이서우이(白壽彝)
《중국통사(中國通史)》

손권과 유비의 연맹이 깨지다

유비 고양이가 길을 막고
익주를 치지 못 하게 했을 때도,

유비는
손권이 촉을 가지려 하자
이를 단호하게 막아섰고,
손권에 대한 방어선을
빠르게 조정 및 강화했다.
장쮀야오(張作耀)《유비전(劉備傳)》

손권 고양이는 참았지.

손권은 유비가
오군이 촉을 취하려는 것을
막기로 결정했다는 것을 알았고,
손유[14]에게 철수라는 명을
내릴 수밖에 없었다.
장쮀야오(張作耀)《유비전(劉備傳)》

유비 고양이가 혼자서 익주를 꿀꺽했을 때는

유비가 혼자서
익주를 훔쳤다.
리동팡 (黎東方)
《세설삼국(細說三國)》

---

14) 손유(孫瑜) : 손권의 사촌. – 역주.

손권 고양이가 약간 화를 내긴 했지만

> 유비가
> 형주와 익주를 점령하면서
> 세력이 급격하게 확장되었고,
> 이는 손권에게 심각한
> 위협이 되었다…
> 215년, 손권이 유비에게
> 형주를 돌려줄 것을 요구했으나
> 묵살되자 여몽(呂蒙)에게
> 군사를 주고
> 장사, 영릉, 계양 3군을 치게 했다.
>
> 바이서우이(白壽彝)
> 《중국통사(中國通史)》

땅을 조금 요구하는 선에서
두 사람의 관계는 다시 봉합되었어.

> 유비가 익주를 얻자
> 손권은 강남 3군을 받아냈다.
> 가장 적정한 선의 요구였다.
>
> 장따커(張大可)
> 《장따커 문집(張大可文集)·
> 삼국사(三國史)》

유비 고양이가 아무리 배신해도
손권 고양이는 그를 마치 첫사랑 대하듯 했지.

손권과 유비의 연맹이 깨지다

그렇다면, 패권을 잡으려는 사람 중 하나로서
손권 고양이는 왜 그렇게 만만하게 굴었을까?

손권이 유비와 연합하면서
땅을 내어준 것은
약자를 위한 양보와도 같았다.
장따커(張大可)
《장따커 문집(張大可文集)·
삼국사(三國史)》

그것은 그의 성격과 아주 깊은 관계가 있어.

내 별자리
맞춰 볼 사람?

손권은 시세를 잘 살피고
선견지명이 있는 사람이었다.
적벽대전 이후 유비에게
형주를 빌려준 일은
그의 넓은 아량과 큰 그릇을
엿볼 수 있는 대목이었다.
장따커(張大可)
《장따커 문집(張大可文集)·
삼국사(三國史)》

삼국의 역사에서
손권 고양이가 조조 고양이나 유비 고양이만큼
크게 빛났던 적은 없었을지도 몰라.

하지만 그에게는 중요한 특징이 있었지.

바로 인내심이야!

손권은 자신은 낮추고
치욕을 참으면서 재능 있고
지혜로운 인재를 임용하고 존중했고,
구천15)만큼 뛰어난 능력이 있는,
영웅 중에서도 걸출한 인물이었다.
《삼국지(三國志)·오주전(吳主傳)》

약육강식의 시대였던 당시에

---

15) 구천(句踐) : 월(越)나라의 왕, 와신상담의 주인공. – 역주.

손권 고양이는 누구나 멸망 당할
위험성이 있다는 것을 잘 알았어.

손권은 매우 현명한 사람으로,
전체적인 판세를 보고
생존을 우선적으로 고민했다.
장따커(張大可)
《장따커 문집(張大可文集)·
삼국사(三國史)》

그래서 그는 꾹 참았지.

하지만 그의 인내심은
특정한 사람에게 발휘되는 것이 아니라

강동의 큰 그림을 위해서
발휘되는 것이었어.

손권이 두 번이나 물러난 것은
전반적인 상황을 고려해봤을 때
훗날 더 앞으로 나가기
위한 것이었다.

장따커(張大可)
《장따커 문집(張大可文集)·
삼국사(三國史)》

적벽대전에서 조조 고양이를
물리치긴 했지만

손권과 유비는
견고한 동맹 관계를 유지했다.
208년… 화공으로
조조군을 크게 무찔렀다.

판원란(范文瀾)
《중국통사(中國通史)》

크게 보면, 조조 고양이는 여전히
동한 13개 주 중 8개 주를 가지고 있었어.

조조는 여전히
최강자의 자리를 지키고 있었다.
동한 13개 주 중 기주(冀州),
청주(靑州), 유주(幽州), 병주(幷州),
연주(兗州), 예주(豫州), 서주(徐州),
사례(司隸) 8개 주를
점령하고 있었다.

군사과학원(軍事科學院)
《중국 군사 통사(中國軍事通史)》

"말라 죽은 낙타라도 말보다는 크다"라는 말처럼 일대일로는
손권 고양이와 유비 고양이는 조조 고양이를 이길 수 없었어.

강동의 그 누구도
혼자서 조조를 상대할 순 없었다.
장따커(張大可)
《장따커 문집(張大可文集)·
삼국사(三國史)》

하지만 적벽대전에서
증명된 바와 같이, 사실상
당시에 그 누구도 상대를
완전히 무너뜨릴 힘을
가지고 있지 않았다.
군사과학원(軍事科學院)
《중국 군사 통사(中國軍事通史)》

그래서 손권 고양이는
유비 고양이의 행동을 참아주면서,

연맹 관계를 유지함으로써
강동이 충분히 발전할 수 있는 여지를
확보하는 수밖에 없었어.

살아남아 힘을 키우기 위해서
손권은 현명한 선택을 했다…
시세의 흐름에 맞춰 유비와
연맹을 맺어 조조에 대항하고,
서로 의지하고 돕는
밀접한 관계를 유지했다.
장따커(張大可)
《장따커 문집(張大可文集)·
삼국사(三國史)》

하지만 그 덕분에
유비 고양이는 별로 힘도 들이지 않고 엄청나게 이득을 봤고,

유비가 이득을 볼 수 있었던 것은
손권이 두 사람의 연맹을
견고하게 하려 애쓴 덕분이었다.

천진펑(陳金鳳)
'익주 전략과 오촉의 관계
(益州戰略與吳蜀關係)'

2개 주를 가진 대군벌이 되었지.

유비가 익주를 점령하고 나서…
2개 주를 점령하면서
위풍당당하게 상류를
차지할 수 있었다.

군사과학원(軍事科學院)
《중국 군사 통사(中國軍事通史)》

유비 고양이와 지역이 서로 맞닿아 있고 그의 세력이 커지면서
손권 고양이는 생존에 위협을 느꼈어.

…동오에게 위협이 되었고,
동오도 이로 인해
심히 불안했다.

군사과학원(軍事科學院)
《중국 군사 통사(中國軍事通史)》

손권과 유비의 연맹이 깨지다

그래서 손권 고양이는 몰래 전략을 조정했지.

동오는 이 우환거리를 없애고
자신의 힘을 키우기로 결심했다.
군사과학원(軍事科學院)
《중국 군사 통사(中國軍事通史)》

그 당시, 세력을 급격하게 확장한 유비 무리는
흥분하기 시작했어.

유비가 한중에서 자신을 왕이라
칭하고, 승리에 도취된 나머지
이성을 잃은 채 제갈량과 함께
두 갈래 길로 북쪽을 정벌할
계획을 세우느라 정신이 없었다.
그 탓에 전반적인 형국에 대한
분석이 부족했다.
장따커(張大可)
《장따커 문집(張大可文集)·
삼국사(三國史)》

여보세요? 관우냐?
싸우러 나간다며?

대장군 관우를 북방 양번(襄樊) 지역으로 보내서
조조 고양이의 심기를 건드렸지.

관우가 유비의 명을 받고…
조조 군이 점령하고 있는
양양(襄陽)과 번성(樊城)을
공격했다.
바이서우이(白壽彝)
《중국통사(中國通史)》

그 전투에서
관우 고양이는 강둑을 터뜨려 조조 군을 물에 잠기게 했어.

8월, 장맛비가 많이 내려
산에 홍수가 나고…
관우는 수군의 우세함을
이용해 큰 배를 타고
공격을 개시했다.
군사과학원(軍事科學院)
《중국 군사 통사(中國軍事通史)》

'수엄칠군[16]'이 바로 이 이야기를 가리키는 말이야.

관우가 7군을 수장시켰다.
군사과학원(軍事科學院)
《중국 군사 통사(中國軍事通史)》

그런데,
이 상황은 손권 고양이에게
절호의 기회가 되었어.

관우의 대군이 북으로 이동해
번성을 공격하면서 후방인
강릉과 공안(公安)이 비게 되었다.
이는 손권이 형주를 되찾을 수 있는
절호의 기회였다.
바이서우이(白壽彝)
《중국통사(中國通史)》

---

16) 수엄칠군(水淹七軍) : 관우가 물길을 막고 장마로 인해 물이 불어나길 기다렸다가 일시에 둑을 터
뜨려 조조의 7군을 수장시킨 일. – 역주.

손권과 유비의 연맹이 깨지다

오랜 인내심 끝에 드디어 참지 않는 날이 온 거지.

그는 먼저 은밀하게 조조 고양이와 화해하고 다시 관계를 맺었고,

조조님,
이야기 좀
하시죠.

(손권은) 조조와 연합해서
함께 관우를 치려 했다…
그는 조조에게 자신이 관우를 토벌함으로써
조조를 위해 힘쓸 것에 대한 허락을
간청하는 글을 올렸다.
군사과학원(軍事科學院)
《중국 군사 통사(中國軍事通史)》

몰래 관우 고양이의 후방에 침입해

손권은…
여몽을 보내 관우의 후방인
공안과 강릉을 습격하게 했다.
바이서우이(白壽彝)
《중국통사(中國通史)》

칼을 꽂았어!

(손권은) 어제의 동맹의 뒤를 쳤다.
군사과학원(軍事科學院)
《중국 군사 통사(中國軍事通史)》

불쌍한 관우 고양이는
이렇게 샌드위치 신세가 되었지….

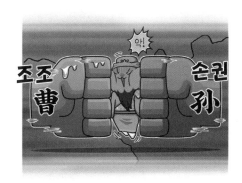

번성의 포위가 뚫리고,
여몽이 강릉을 습격하면서
관우는 앞뒤로 적의 공격을 받는
최악의 상황에 놓였다.
그는 군을 돌려
후방을 지키기로 결심했다.
군사과학원(軍事科學院)
《중국 군사 통사(中國軍事通史)》

손권과 유비의 연맹이 깨지다

이로 인해 결국 관우 고양이는
맥성[17]으로 도망쳤어

관우가 패해 맥성으로 후퇴했다…
손권 군에게 붙잡혀 죽임을 당했다.
바이서우이(白壽彝)《중국통사(中國通史)》

게다가 유비 고양이는 형주를 잃었지.

관우가 번성을 버리고 도망쳤지만
결국 패해 죽임당했다.
유비는 형주를 잃었다….
바이서우이(白壽彝)
《중국통사(中國通史)》

계속되던 유비 고양이 세력의 확장도 그때 끊겼어.

17) 맥성(麥城) : 지금의 후베이(湖北)성 당양(當陽)시 내 지역. – 역주.

손권 고양이의 이 배신은
곧 유비 고양이와의 동맹을 끊는 것을 의미했지.

손권은
이미 약해질 대로 약해진
손권, 유비 연합을 버렸다.
바이서우이(白壽彝)
《중국통사(中國通史)》

천하의 삼각 구도가
'손권 고양이, 유비 고양이 대
조조 고양이'에서

(손권은) 이 전쟁 이후,
손권, 유비 연합이
조조에 대항하던 삼각 구도를…
군사과학원(軍事科學院)
《중국 군사 통사(中國軍事通史)》

'손권 고양이, 조조 고양이 대
유비 고양이'로 바뀐 거야.

…손권, 조조 연합이
유비를 고립시키는 구도로 바꾸었다.
사실상 당시에 그 누구도
상대를 완전히 무너뜨릴 힘을
가지고 있지 않았다.
군사과학원(軍事科學院)
《중국 군사 통사(中國軍事通史)》

손권과 유비의 연맹이 깨지다

이러한 관계의 전환을 통해
손권 고양이는 자신을 보호했고,

손권은 서쪽으로부터
위협을 느꼈고,
창끝을 서쪽 형주로 돌려
더 큰 범위의
장강 방어 체계를 세웠다.
장따커(張大可)
《장따커 문집(張大可文集)·
삼국사(三國史)》

세 개의 세력은 새롭게 균형을 잡았어.

전쟁이 끝나고, 동오는 형주, 양주(揚州), 교주(交州) 3개 주를
점령하게 되었고, 유비와 손권의 세력 차이에서도
이전에는 유비가 손권에 앞섰다면, 그 반대가 되었다.
조조는… 손권과 유비가 서로 싸워 세력이 약해짐으로써
세력과 지위를 강화했다.
군사과학원(軍事科學院)
《중국 군사 통사(中國軍事通史)》

하지만, 역사의 수레바퀴는 멈추지 않고
계속해서 움직이는 법.
모든 국면이 잠시 안정을 찾았을 때쯤…

관우는 이미 참수당했고,
공통의 이익을 위해
조조와 손권은 서로를 이용하고
서로 간의 관계를 개선, 강화했다.
조조는… 그(손권)를 이용해
유비의 힘을 제한하고
약화하려 했다.

장쭤야오(張作耀)《손권전(孫權傳)》

북방에 또 다른 변화가 생겨났으니…

한 헌제는 모두가
위왕(조조)이 황제가 되기를 바란다고
생각했고, 모든 대신을 소집했다.

《삼국지(三國志)·문제기(文帝紀)》

이어서 계속

손권의 '인내심'은 그가 손권, 유비 연합을 지킬 때뿐만 아니라 그가 조조와 손을 잡는 과정에서 큰일을 도모하기 위해 치욕을 참는 모습에서도 드러난다. 당시 조조는 여전히 강한 세력을 가지고 있었고, 이미 자신을 왕이라고 칭하고 있었기 때문에, 조조와 동맹을 맺는 가장 효과적인 방법은 바로 스스로 신하가 되어 글을 올리는 것이었다. 그래서 손권은 조조에게 "자신이 관우를 토벌함으로써 조조를 위해 힘쓸 것에 대한 허락을 간청"하며 자세를 완전히 낮췄다. 무릎을 꿇어서라도 대의를 이루고자 했던 손권의 작전은 완전히 통했고, 조조의 마음을 진정시키는 데 성공했다. 이로써 자신이 형주를 습격할 때 양쪽으로 전쟁을 치러야 할지도 모른다는 불안 요소를 제거할 수 있었다. 결국, 그는 형주와 장강 중류를 다시금 되찾으면서 유비가 강을 타고 내려와 강동을 습격할지도 모른다는 불안감을 해소했다. 이는 자신의 '존엄'을 대가로 강동이 삼각 구도의 한 축을 담당하는 자격을 얻은 것이라고 볼 수 있다.

조조 역 – 전병

손권 역 – 꽈배기

유비 역 – 해바라기씨

참고 문헌 : 《삼국지(三國志)》, 바이서우이(白壽彝) 《중국통사(中國通史)》, 장쮀야오(張作耀) 《손권전(孫權傳)》 및 《유비전(劉備傳)》, 군사과학원(軍事科學院) 《중국 군사 통사(中國軍事通史)》, 천진펑(陳金鳳) 《익주 전략과 오촉의 관계(益州戰略與吳蜀關係)》, 리동팡(黎東方) 《세설삼국(細說三國)》, 장따커(張大可) 《장따커 문집(張大可文集)·삼국사(三國史)》, 판원란(范文瀾) 《중국통사(中國通史)》

가족이 되려다 원수가 되다

손권은 자기 아들과 관우의 딸을 결혼
시켜 유비 무리와 겹사돈을 맺으려고
했어. 하지만 관우에게 이를 거절당했
을 뿐만 아니라 치욕까지 당했지. 그렇
게 두 집안 사이에 꼬인 매듭이 생겨난
거야.

신이 된 관우

관우의 충성스럽고 의로우며 용맹
한 모습은 사람들의 마음에 깊은 인
상을 남겼어. 그래서 명, 청 시대의
백성들은 그를 위해 사당을 짓고 신
으로 받들어 모셨지. 지금까지도 사
람들 사이에는 관우를 숭배하는 습
관이 남아 있어.

일편단심

예전에 유비가 실의에 빠졌을 때, 관우
는 조조에게서 거금과 함께 스카우트
제안을 받았지만 단호한 태도로 거절
했어. 또한, 자신은 유비와 생사를 함
께할 것이라고 밝혔어.

유비 형, 나는 절대로
이 손 놓지 않을 거야!

관우야!

야옹이들의 프로필

해바라기씨 극장

\<역시 집이 최고야\>

\<연극 후유증\>

해바라기씨

황소자리
생일 : 5월 3일
키 : 180cm
잘하는 운동 : 복싱
좋아하는 색깔 : 노란색

(인간 해바라기씨 소개)

73

제 55 장

●

조조의 위나라가 한나라를 대신하다

한나라는
중국 역사상 가장 긴 봉건 왕조였어.

> 한 왕조는 중국 역사상
> 존속 기간이 가장 긴
> 봉건 왕조였다.
> 왕리룽(王利榮)
> 《중국 감옥사(中國監獄史)》

전한, 후한을 합쳐
총 400여 년 동안 지속되면서

> 양한은 400여 년간
> 지속되었다.
> 콩링추(孔令秋)
> 《중국 법제사(中國法制史)》

> 한족(漢族)이라는 이름은
> 유방(劉邦)이 자신을 황제로
> 칭한 뒤에 생겨났다.
> 예전에 민족 국가들이
> 섞여 하나가 되면,
> 사람들은 왕조의 이름을
> 백성의 이름으로 삼았다.
> 하지만 그때까지 왕조의 이름은
> 여러 번 바뀌었어도,
> 각 민족의 이름이
> 변한 적은 없었다.
>
> 뤼쓰미안(呂思勉) 《선진사(先秦史)》

'한(漢)'은 하나의 민족이 되었지!

그래서 동한 말기 대혼란의 시기에도

동한 말기,
군웅할거로 인해 나라가
갈기갈기 찢기고
백성들은 참혹하게 죽어갔다.
장따커(張大可)
《장따커 문집(張大可文集)·
삼국사(三國史)》

유학의 전통은 조정과 백성
모두에게 깊이 새겨져
한나라에 대한 마음이
오랜 기간 축적되었고,
삼강오륜은 풍속 안에 녹아들어
어느새 한나라를 떠받치는
깊은 사상적 기초를 형성했다.
주쯔옌(朱子彦)
《한위(漢魏)정권 교체와
삼국 정치(漢魏禪代與三國政治)》

사람들은 '한'이 정통이라고 생각했어….

그래서 이를 흔들려고 하는 것은 무엇이든
반격당했지!

조조의 위나라가 한나라를 대신하다

양주(凉州)에서 온 뚱보 동탁(董卓) 고양이는
황제를 갈아 치웠다가

어때?

동탁은 조정의 관리들을
협박해서 소제(少帝)가
어리석다는 핑계를 들어 폐위시켰고,
동태후의 손자였던
유협(劉協)을 헌제로 세웠다.
군사과학원(軍事科學院)
《중국 군사 통사(中國軍事通史)》

맞아 죽었고…

후장군 원술,
기주 목백 한복(韓馥),…
동시에 군사를 일으켰고
각각 수만에 달했다…
그들은 '반역자 처단', '국난 극복'의
슬로건을 걸고 동탁을 토벌했다.
군사과학원(軍事科學院)
《중국 군사 통사(中國軍事通史)》

명문가 자제이자
자신을 너무나도 사랑했던 원술 고양이는
자신이 황위에 올랐다가

어때?

원술은 원씨 가문의 세력을 빌려
강회[18]지역을 점령하고,
자신을 황제로 칭하며,
수춘(壽春)을 수도로 정했다.
판원란(范文瀾)《중국통사(中國通史)》

---

18) 강회(江淮) : 지금의 장쑤(江蘇)성과 안후이(安徽)성 일대. – 역주.

역시 죽임을 당했어….

원술은 이전에 여포에게 격파당했고,
이후에는 조조에게 패했다.
《삼국지(三國志)·동이원유전(董二袁劉傳)》
(원술이) 평상에 앉아 탄식했다.

"내가 이 지경까지 이르렀구나!"
그는 분개하다 병에 걸려
피를 토하며 죽었다.
《후한서(後漢書)·
유언원술여포열전(劉焉袁術呂布列傳)》

당시 한나라는 마치 엄청나게 고가이지만
유통기간이 지난 화장품 같아서,

바를 수도 없고,

황실이 부패하고 쇠락했다…
황권으로 운영되던 시스템들이
무너지기 시작했다…
중앙 조정은 이미 유명무실해졌다.
류춘신(柳春新)
《한(漢) 말 진(晉) 초 정치 연구
(漢末晉初之際政治研究)》

조조의 위나라가 한나라를 대신하다

그렇다고 버릴 수도 없었지….

> 동한의 황실이 계속 존재하고,
> 황제와 함께 천하를 다스린다는
> 명분이 사라지지 않으면,
> 필연적으로 현실 정치에 대한
> 영향력이 생길 수밖에 없다.
>
> 류춘신(柳春新)
> 《한(漢) 말 진(晉) 초 정치 연구
> (漢末晉初之際政治研究)》

어떻게
할래?

그럼 어쩌지?

바로 이때 조조 고양이가 나타난 거야!

> 건안 원년(196년) 봄 정월…
> 조조가 천자를 영접했다…
> 《삼국지(三國志)·무제기(武帝紀)》

유통기한 지난 화장품을 얼굴에는
못 발라도 발에는 괜찮지 않을까?

> 그(조조)는
> 한 헌제를 영접하려고
> 영천(潁川)군 허창[19]까지
> 직접 군사를 이끌고 나갔다.
> 한 헌제의 이름으로 명령을 내리고
> 시행하며 정치적인 주도권을 가졌다.
>
> 판원란(范文瀾)《중국통사(中國通史)》

그래서 그는 어린 황제를 옆에 끼고
'봉천자이령불신[20]'을 시행했어.

> 조조가 조홍[21]을 보내
> 군사를 이끌고 서쪽으로 가서
> 천자를 맞이하게 했다…
> 이때부터 조조는 예주 지역을
> 모두 손에 넣고, 천자를 옆에
> 낀 채 제후들을 호령했다.
> 그는 정치적으로 큰 우세를
> 점했으며 관중의 제후, 장수들이
> 그 형세를 보고 그에게 복종했다.
>
> 마즈제(馬植傑)《삼국사(三國史)》

덕분에 그는 세력을 빨리 키워
전쟁에서 지는 법이 없었지!

> 조조는 허창에 수도를 세운 뒤,
> 5년간의 정벌 전쟁 동안 여포, 원술,
> 장수(張繡)를 멸하고… 관도대전 이후…
> 하북 지역을 소탕하고… 북방을 통일했다…
>
> 장따커(張大可)
> 《장따커 문집(張大可文集)·삼국사(三國史)》

---

19) 허창(許昌) : 혹은 허도, 후한의 마지막 수도, 지금의 허난성 쉬창(許昌)시 지역. – 역주.
20) 봉천자이령불신(奉天子以令不臣) : 천자를 받들어 신하가 되기를 거부하는 자들을 호령한다. – 역주.
21) 조홍(曹洪) : 조조의 부하 장수이자 사촌 동생. – 역주.

조조의 위나라가 한나라를 대신하다

그럼 어린 황제는?

마스코트로 전락했어….

천자를 옆에 끼고
제후, 장수들을 호령하는
비책을 사용하면서
황제는 사실상 허수아비로
전락했다.
바이서우이(白壽彝)
《중국통사(中國通史)》

조조 고양이는 이 방법으로
자신의 세력을 일으키는 데 방해가 되는 요소를
제거했을 뿐만 아니라…

황제께서
얼마나
기뻐하시는지
봐라!

(조조가) 황제를 빼앗고
헌제의 이름을 이용해
합법적으로 천하를 호령했다.
군사과학원(軍事科學院)
《중국 군사 통사(中國軍事通史)》

황제의 이름을 빌려 인재들을 흡수했지.

(조조는) 백성들이 한 황실에
충성한다는 사실을 이용해
인재를 끌어모았고,
이를 통해 자신의 정치적 영향력과
사회적 기반을 확장했다.

주쯔옌(朱子彦)
《한위(漢魏)정권 교체와
삼국 정치(漢魏禪代與三國政治)》

다만…
조조는 가끔 헷갈렸어….

이 인재들은 황제를 섬기는 것일까,
아니면 나를 섬기는 것일까 하고 말이야.

조조의 위나라가 한나라를 대신하다

그래서 그는 어린 황제를
아예 상대도 하지 않고,

한 헌제의 동한 조정은
허창 지역에 방임되었다.
주쯔옌(朱子彦)
《한위(漢魏)정권 교체와
삼국 정치(漢魏禪代與三國政治)》

신하들을 자기 집으로 데려가
업무를 봤어.

조조는 원씨의 오랜 근거지였던
업성을 무너뜨리고,
그때부터 오랜 기간 업성에 머물렀다…
그 이후, 업성은 조조 정권의
정치적 중심지가 되었다.
주쯔옌(朱子彦)《한위(漢魏)정권 교체와
삼국 정치(漢魏禪代與三國政治)》

당시 동한은 이미
반쯤 식은 상태였지만,

동한 말기,
군벌들의 대혼전과 군웅할거로
동한의 통치는 붕괴되었고,
사실상 유명무실해졌다.
장따커(張大可)
《장따커 문집(張大可文集)·
삼국사(三國史)》

22) 업성(鄴城) : 위나라의 수도, 지금의 허베이성 한단(邯鄲)시 서부, 허난성 안양(安陽)시 북부 지역. – 역주.

여전히 '골수팬'들이 남아 있었고,

한 헌제의 배후에는 양한 400년 동안
쌓인 사회적 기반과 인심이 있었다.
사람들의 사상 속에 이런 요소들이
깊이 뿌리내렸다는 것은
곧 당시 사회에 수많은 한 옹호 세력이
존재한다는 것을 의미했다.
주쯔옌(朱子彦)《한위(漢魏)정권 교체와
삼국 정치(漢魏禪代與三國政治)》

황제가 '발에나 바르는 화장품' 취급을 받고 있으니
한나라 '팬'들은 조조 고양이가 못마땅했지….

허창에 남아 있던
조정 백관 중의 상당수가
한 옹호 세력들이어서
수차례 조조와 목숨을 건
힘겨루기를 감행했다.
주쯔옌(朱子彦)《한위(漢魏)정권 교체와
삼국 정치(漢魏禪代與三國政治)》

그래서 그를 암살하려 하거나

(건안) 5년(200년) 봄 정월,
거기장군(車騎將軍) 동승(董承),
편장군(偏將軍) 왕복(王服),
월기교위(越騎校尉) 충집(种輯)이
조조를 죽이라는 밀명을 받았다.
《후한서(後漢書)·효헌제기(孝獻帝紀)》

비난하거나

공융[23]은
'조조가 간웅의 거짓된 모습을
점점 드러내는 것을
더 이상 지켜볼 수 없어
일부러 말을 과격하게 하고
자주 조조의 심기를 건드렸다',
사림의 지도자 신분으로
여론을 통해 조조를 공격하거나
심지어는 모욕하기도 했다.
주쯔옌(朱子彦) '한위(漢魏)정권
교체 전의 정치
운영(曹魏代漢前的政治運作)

심지어는 스스로 목숨을 끊어 보이는 등…

태조가 음식을 내렸으나
빈 그릇만 받게 되자
약을 먹고 죽었다.
《삼국지(三國志)·순욱순
유가후전(荀彧荀攸賈詡傳)
주석《위씨춘추(魏氏春秋)》

한에 의지하며 호소하거나
조조 암살을 모의하거나
죽음을 무릅쓰고
조조를 비방하거나
목숨을 끊어 한에 바치거나 하는
일들이 끊임없이 반복되었다.
주쯔옌(朱子彦)
《한위(漢魏)정권 교체와
삼국 정치(漢魏禪代與三國政治)》

이런 일들이 끊이지 않고 일어났어….

---

23) 공융(孔融) : 후한 말기의 학자. – 역주.
24) 순욱(荀彧) : 조조의 모사, 동한 말기의 정치가, 전략가. – 역주.

결국
그는 정치적인 방법을 사용할 수밖에 없었지.

조조는 밖에서도 쉼 없이
정벌을 이어 나갔고, 안에서도
정권 경영을 위해 바삐 움직였다.
주쯔옌(朱子彦)
《한위(漢魏)정권 교체와
삼국 정치(漢魏禪代與三國政治)》

음모 생성 중 58%

조조 고양이는 자기 세력이 굳건해지면서
정치적인 지위를 계속 높여 나갔어.

조조는
대장군, 사공(司空),
승상을 역임했다…
사실상 최고 통치자였다.
류춘신(柳春新)
《한(漢) 말 진(晉) 초 정치 연구
(漢末晉初之際政治研究)》

신하가 조정에 들어
황제를 알현할 때의 예절은
'군군신신[25]'의 관계를
가장 잘 보여주는 것이다.
그래서 군신의 관계가 있는
사회에서는 이 예절을
중시하지 않은 경우가 없었다.
천수궈(陳戍國)
《중국 예제사·
진한권(中國禮制史·秦漢卷)》

동한 시기에
대신이 황제를 만날 때는
여러 가지 규칙이 있었는데,

臣 → 君
신하   군주

---

25) 군군신신(君君臣臣) : 군주는 군주의 도리를, 신하는 신하의 도리를 다하는 것. – 역주.

87
조조의 위나라가 한나라를 대신하다

예를 들어, 황제 앞으로 나아갈 때는
공손하게 작은 보폭으로 빠르게 걸어야 하고,

황제를 알현할 때는
꼭 이름을 고해야 하며,

어전에 들어갈 때는 신발을 벗고
무장을 해제하는 등의 규칙이 있었지.

하지만 조조 고양이는
그런 게 다 필요 없었어!

천자가 조공에게
명을 내려 천자를 알현할 때
이름을 고하지 않아도 되고,
조정에 들 때
종종걸음 하지 않아도 되며,
검을 차고 신발을
신을 수 있도록 했다.

《삼국지(三國志)·무제기(武帝紀)》

그뿐만 아니라,
그의 벼슬은 끊임없이 높아져서

승상에서부터 공작으로까지 봉해졌고,

건안 18년(213년),
(조조는) 한중 중앙의 이름으로
기주 위(魏)군 등 10개 군을
내려 자신을 위공에 봉했다.

왕중뤄(王仲犖) 《조조(曹操)》

왕작까지 되었지.

···건안 21년(216년),
(조조는) 위왕으로 작위가 오르고,
아들인 조비는 위세자가 되었다.
왕중뤄(王仲犖)《조조(曹操)》

그리고 결국, 그의 정치적 지위는
가장 꼭대기까지 올라갔어.

위공, 위왕 시절의
수도는 모두 업성이었다.
(조조는) 업성에서
위의 종묘사직을 세웠다···
형식상으로는 이미 황제와
다를 바가 없었다.
왕중뤄(王仲犖)《조조(曹操)》

반면에 그를 반대하던 사람들은 제거되었지.

조조는 직접적으로 자신에게
반항하던 반란의 무리들을···
상대의 지위가 얼마나 높든,
황제와 얼마나 친밀한 관계든
상관없이 봐주지 않고
가차 없이 처리했다.
주쯔옌(朱子彦)
《한위(漢魏)정권 교체와
삼국 정치(漢魏禪代與三國政治)》

동한 황조는 그때 이후로
자신을 지지하던 모든 힘을 잃었어.

행정, 사람을 부리는 일,
군대를 보내어 토벌하는
일들에 대해 모두 업성에서
명을 내렸고, 이에 감히
다른 마음을 품을 자가 없었다…
조정에 있던 사람 중 양표(楊彪)와
공융(孔融) 등의 문신들도
폐하고 죽였다… 조조를 죽여
한을 바로잡고 싶었으나
병권이 없었다.
《이십이사차기(廿二史札記)》

조조 고양이는 황제라는 칭호만 없을 뿐
동한 황조의 실질적인 통제자가 되었지.

형식적으로는 위왕이 여전히
한 헌제보다 한 단계 아래였지만,
실권적인 측면에서 보면
한 헌제는 조조의
꼭두각시일 뿐이었다.
실제 국가의 대권을 잡고
상벌을 내리는 자는 조조였다.
왕중뤄(王仲犖)《조조(曹操)》

여기까지 온 조조 고양이가
한나라를 대신해 자신의 나라를
세우고 싶지는 않았을까?

기존의 땅과 백성들이
모두 조조 아래로 들어가고
한 황제는 직위만 남아 있었다.
그리고 그 직위의 차이 또한
미미해서 언제든지 조조가
황제를 대신할 수 있었다.
판원란(范文瀾)
《중국통사 약본(中國通史簡編)》

글쎄….

모든 조건이 다 부합한 상황에서도
그는 황제의 자리에 오르지 않았어.

당시의 조조는
이미 한 제국의
실질적인 황제였지만,
자신은 황제가 될 뜻이
없음을 공언했다.
푸러청(傅樂成)
《중국통사(中國通史)》

손권이 상소를 올려
조조에게 칭제할 것을 권했다…
여러 신하가 모두
손권의 말이 옳다고 말했다.
조조는 "내가 만약 천명을
받들어야 한다면,
나는 주나라 문(文)왕과 같이
나의 아들을 황제로 만들 것이다."
라고 말했다.
판원란(范文瀾)
《중국통사 약본(中國通史簡編)》

죽을 때까지도!

당대의 효웅은 이렇게 충신이냐,
간신이냐의 논쟁을 남긴 채
역사의 무대를 내려갔지.

충신 간신
忠 奸

봄, 정월,
무왕(武王) 조조가
낙양이 이르렀다.
경자(庚子)일에 죽었다.
《자치통감(資治通鑑)·
한기(漢紀) 69》

그리고 그의 자리는 아들인
조비(曹丕)가 계승했는데,

태조가 죽자,
그 자리를 물려받아
승상, 위왕이 되었다.
《삼국지(三國志)·문제기(文帝紀)》

그는 조조 고양이가 세상을 떠나자
곧장 한 헌제를 자리에서 끌어 내리고,

조조의 위나라가 한나라를 대신하다

자신이 황제가 되었어!

조비가
헌제를 대신해서
황위에 오르니,
국호는 위(魏)로 하고,
자신은 위 문제(文帝)라 칭했으며,
수도를 낙양에 세웠다.

마즈제(馬植傑)《삼국사(三國史)》

이렇게 위(魏)나라 황조가 시작된 거야!

헌제가 조비에게 선위했다.
조비는 황위에 올라
연호를 황초(黃初)로 바꾸었고,
국호는 여전히 위(魏)를 사용했으며,
자신은 위 문제라 칭했다.

푸러청(傅樂成)《중국통사(中國通史)》

위나라의 등장은
400여 년간의 한나라 황조가
공식적으로 끝이 났다는 것을 의미했지.

서기 220년…
이해에 조비는 한나라를 폐하고
위나라를 세웠고,
동한은 완전히 끝났다.

바이서우이(白壽彝)
《중국통사(中國通史)》

하지만, 위나라는 아직 중국을 절반밖에 가지지 못한 상태였어.

다른 두 세력인 손권과 유비 쪽에는
또 어떤 움직임이 있었을까?

유비가 군을 이끌고
동쪽으로 내려오니,
그 기세가 흥하기 시작했다.
《자치통감(資治通鑑)·한기(漢紀) 69》

이어서 계속

조조의 위나라가 한나라를 대신하다

편집자의 말 ◇◇◇◇◇◇◇◇◇◇◇◇◇◇◇◇◇◇◇◇◇◇◇◇◇◇◇◇◇◇◇◇

한나라는 진나라 말기 난세에서 태어나 항쟁, 척박함, 번성, 동요 그리고 한 차례의 멸망을 겪고도 다시 세력을 회복했다. 진나라의 멸망으로부터 얻은 교훈을 바탕으로 다진 한나라의 사회적 구조, 정치적 구조, 관리 방식은 이후 2000년의 중국 문화적 전통, 역사 진보에 깊은 영향을 끼쳤다(고단샤《중국의 역사(中國的歷史)》). 한나라의 빛나는 문화는 더욱 전 세계로 뻗어나갔다. "우리는 세계사의 고도에서만 그것의 의미와 가치를 평가할 수 있다(리쉐친(李學勤)《동주와 진나라의 문명(東周與秦代文明)》)." 이번 책에서 한나라가 결국 공식적으로 막을 내린다. 장장 400여 년의 황조를 어떻게 결론 짓고 바라봐야 하는지는 한나라 후대, 심지어는 한나라 때의 사람들도 각각 서로 다른 관점을 내놓았다. 하지만 지금까지도 중국의 주체 민족을 '한(漢)족', 문자를 '한(漢)자', 언어를 '한(漢)어'라고 부르고 있는 것에 대해서는 아무도 이견이 없다.

장하도다, 유구한 역사의 한나라여!

조조, 조비 역 – 전병

참고 문헌 : 《삼국지(三國志)》, 《후한서(後漢書)》, 《예기(禮記)》, 《전국책(戰國策)》, 《이십이사차기(廿二史札記)》, 《자치통감(資治通鑑)》, 왕리룽(王利榮)《중국 감옥사(中國監獄史)》, 콩링추(孔令秋)《중국 법제사(中國法制史)》, 뤼쓰미안(呂思勉)《선진사(先秦史)》, 장따커(張大可)《장따커 문집(張大可文集) · 삼국사(三國史)》, 주쯔옌(朱子彦)《한위(漢魏)정권 교체와 삼국정치(漢魏禪代與三國政治)》, 군사과학원(軍事科學院)《중국 군사 통사(中國軍事通史)》, 판원란(范文瀾)《중국통사(中國通史)》 및 《중국통사 약본(中國通史簡編)》, 류춘신(柳春新)《한(漢) 말 진(晉) 초 정치 연구(漢末晉初之際政治研究)》, 마즈제(馬植傑)《삼국사(三國史)》, 바이서우이(白壽彝)《중국통사(中國通史)》, 천수궈(陳戍國)《중국 예제사 · 진한권(中國禮制史 · 秦漢卷)》, 왕중뤄(王仲犖)《조조(曹操)》, 푸러청(傅樂成)《중국통사(中國通史)》

헌제의 반항

조조는 헌제를 엄격하게 통제했는데, 헌제도 만만한 사람은 아니었어. 그는 두 번이나 조조의 암살을 시도했지. 물론 결국 실패했지만 말이야….

부드러운 대장님

정치를 할 때의 조조는 눈빛도 행동도 매섭고 날카로웠지만, 일상에서의 그는 매우 부드럽고 다정한 사람이었어. 부하가 전쟁에서 죽었을 때는 통곡하며 애도했고, 부인에게 화를 낸 뒤에는 조심스럽게 어르고 달래기도 했지.

세 번의 요청과 세 번의 거절

조비가 황제에 오른 것은 헌제를 압박해 강압적으로 '선위[26]'를 받아낸 것이 아니었어. 한 헌제가 세 번의 선위 조서를 내리고, 조비가 세 번 완곡하게 거절한 끝에, 네 번째가 되어서야 '어쩔 수 없이' 받아들인 것이지.

---

26) 선위(禪位) : 왕이 살아 있을 때 다른 사람에게 왕위를 물려주는 일. – 역주.

야옹이들의 프로필

떡 극장

<떡의 노트>

<떡의 뇌>

떡

처녀자리
생일 : 9월 8일
키 : 181cm
잘하는 운동 : 탁구
좋아하는 색깔 : 파란색

(인간 떡 소개)

99

제 56 장

•

이릉대전(촉나라 vs 오나라)

삼국의 이야기를 기업의 분쟁에 비유해보자.

서기 220년에 긴 역사를 가진
'한'이라는 오래된 기업이…

동한의 관리들은 나랏돈을 횡령하고,
지방 세력들은 서로를 집어삼켰으며,
정치계는 암울했고, 형벌은 가혹했다.
백성들은 심각한 압박을 받아
더는 생활을 이어 나갈 수가 없었다.

판원란(范文瀾)
《중국통사 약본(中國通史簡編)》

* 백년 노포 : 100년 된 가게

결국 문을 닫으면서

서기 220년…
동한은 완전히 끝났다.
바이서우이(白壽彝)
《중국통사(中國通史)》

대부분 자산은 그 아래
3개의 자회사가 나눠 가졌어.

조조가 북쪽,
유비가 서남쪽,
손권이 동남쪽으로
천하를 셋으로 나눠 다스리는
형국으로 굳어졌다.
장판(張帆)
《중국 고대 간사(中國古代簡史)》

그게 바로 조 씨네, 유 씨네, 손 씨네 회사야.

조조, 손권, 유비 3대 군벌이
다른 군벌들을 멸하고
서로 대립하는 형국이었다.
판원란(范文瀾)
《중국통사 약본(中國通史簡編)》

그중 조 씨네 회사의 업무 능력이 가장 좋았어.

이 회사의 새로운 사장이었던 조비 고양이는
직원들을 고무시킬 줄 아는 사람이었고…

조비가 위왕으로 불리던
몇 개월 동안…
'구품관인법27)'을 전면적으로
시행했다.
류춘신(柳春新)
《한(漢) 말 진(晉) 초
정치 연구(漢末晉初之際政治硏究)》

모기업의 자산을 나누고 재편성해서

이를 새로운 기업으로 만들고
새 대표가 되었지.

10월, 조비가
헌제를 대신해서
황위에 오르니…
마즈제(馬植傑)
《삼국사(三國史)》

---

27) 구품관인법(九品官人法) : 관직의 등급을 1품에서 9품까지 구분하고 관품에 따라 대우를 달리한
제도. – 역주.

기업의 이름도 '위'로 정했어.

> ···국호는 위(魏)로 하고,
> 자신은 위 문제라 칭했으며,
> 수도를 낙양에 세웠다.
>
> 마즈제(馬植傑)《삼국사(三國史)》

> 조비가 한 헌제를 폐하고
> 위나라를 세워 자신이
> 황제가 된 이 중대한 사건에 대해
> 서쪽 촉의 반응이 강렬했다.
> "반역의 마음을 품고
> 정권을 찬탈했다"라고
> 조조를 크게 꾸짖었다.
> 하지만 동오의 손권은
> 어떤 반응도 내놓지 않았다.
>
> 장쥐야오(張作耀)《손권전(孫權傳)》

그러자 다른 두 자회사는 난처해졌지.

원래는 다들 밑에서 일하는 사람이었는데
네가 어떻게 대표인데?

그래서
유 씨네 사장인 유비 고양이도
단독 상장을 선포했어!

유비가 촉에서 칭제하고,
성도에 수도를 세웠다.
판원란(范文瀾)
《중국통사 약본(中國通史簡編)》

기업 이름은 '한'으로 정했지.

유비는 그해 4월
공식적으로 칭제하고
국호를 한(漢)이라 했다.
바이서우이(白壽彝)
《중국통사(中國通史)》

물론 다들 그냥 '촉'이라고
불렀지만 말이야.

사마천의 《사기(史記)》에서
《오대사(五代史)》에 이르기까지
수천 년 동안… 역사가 중에
그 국호를 쓰지 않은 자가 없었으나,
《삼국지(三國志)》에서는 달랐다.
유비 부자는 40여 년 동안
줄곧 한(漢)을 국호로 사용했고,
한 번도 촉이라 부른 적이 없었다.
이를 촉이라 부르는 것은
그저 사람들의 습관에서
나온 말일 뿐이었다.
당경(唐庚) 《삼국잡사(三國雜事)》

하지만 손 씨네의 손권 고양이는

독자 노선을 걸으려 하기는커녕…

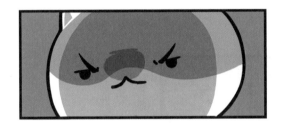

오히려 끝까지 몸을 사리는 쪽을 선택했어.

위 문제가 제위에 오른 뒤로,
손권은 사자를 보내
번국[28]이 되기를 청했다.
《삼국지(三國志)·오주전(吳主傳)》

오케이!
앞으로 손 대표라고
합시다!

조 대표,
나는 네 편이야!

---

28) 번국(藩國) : 제후의 나라, 책봉을 받고 조공을 바치는 나라. – 역주.

건안 24년(219년),
형주를 지키던
촉의 장군 관우가
조조 군이 다스리는
양번 지역을 향해
대규모 작전 펼쳤다…
손권은… 위의 조조와 연합해서
관우를 협공하는 음모를 꾸몄다.
관우는 여몽의 습격을 받아
대패하고, 형주 전체를
완전히 잃었다.

바이서우이(白壽彝)
《중국통사(中國通史)》

지난번에 손권 고양이가 땅을 빼앗을 때,
유비 고양이 뒤통수를 쳤던 거 기억하지?

양쪽 모두에게 미움을 받을 순 없으니

손권 고양이는 조 씨네를
의지하기로 한 거야!

손권이 연맹을 깼다…
유비의 복수를 방어하고,
앞뒤로 동시에 전쟁이 나는 것을
막기 위해 조조를 향해
자신을 신하라 칭했다.

장따커(張大可)
《삼국사 연구(三國史研究)》

유비 고양이는 골치가 아팠어.

동한 말기 유 씨 집안에서
가장 잘나가는 고양이가 바로 유비 고양이었지만,

충의[29] 효렴[30]

남을 기꺼이 돕는 사람

선주는 성이
유(劉), 휘(諱)가 비(備),
자(字)는 현덕(玄德)이고…
한 경제(景帝)의 아들
중산정왕(中山靖王) 유승(劉勝)의
후예였다.
《삼국지(三國志)·선주전(先主傳)》

조상이 남긴 기반도 뺏겼고,

220년 10월,
조비는 한 헌제를 폐해
산양공(山陽公)에 봉했고,
자신이 황제가 되었다.
마즈제(馬植傑)《삼국사(三國史)》

---

29) 충의(忠義) : 충성스럽고 의로움. – 역주.
30) 효렴(孝廉) : 효심이 깊고 청렴함. – 역주.

자신이 애써 얻은 땅도 다시 다 뺏겼지.

여몽이 강릉을 습격한 것이
건안 24년 10월이었고,
전쟁은 두 달이 지난
12월에 끝났다…
동오는 이 전쟁에서…
유비를 형주에서 몰아냈다.

군사과학원(軍事科學院)
《중국 군사 통사(中國軍事通史)》

게다가 유능한 직원도 잃었어.

관우가 패해
맥성으로 도망쳤다…
손권 군에게 생포되어
죽임을 당했다.

바이서우이(白壽彝)
《중국통사(中國通史)》

유비 형!

이제 어떡하지?

유비 고양이의 원래 계획을 실행하려면
그에게는 형주와 익주 두 땅이 필요했어.

형주와 익주를 가진다면…
어떤 상황이 생겼을 때
형주와 익주 두 곳에서
군대를 출동시킬 수 있고…
패업을 이룰 수 있었다.
이 말은 이후 유비가
대업을 이루는 데 있어
중요한 기준이 되었다.
푸러청(傅樂成)
《중국통사(中國通史)》

거기서 위로 치고 올라가면
조 씨네를 해치울 수 있고,

북쪽으로 올라가면
조조의 양번 지역을
공격할 수 있고…
바이서우이(白壽彝)
《중국통사(中國通史)》

아래로 치고 내려가면 손 씨네를 무찌를 수 있었지.

형주는
장강의 상류에 있어…
강을 타고 동쪽으로 내려가면
동오의 중심지에
닿을 수 있었다.
바이서우이(白壽彝)
《중국통사(中國通史)》

그렇게 되면 천하를 통일하는
패업을 이룰 수 있는 거야!

유비

> 형주, 익주 두 주를 점령하고…
> 내정을 살피면…
> 천하를 점차 안정시킬 수 있었다.
> 판원란(范文瀾) 《중국통사(中國通史)》

하지만 문제는 형주가
손 씨네 손에 있다는 거였어…

훗, 여깄지.

형주

> 건안 24년 12월…
> 손권이 형주를 얻었다.
> 바이서우이(白壽彝)
> 《중국통사(中國通史)》

반드시 형주를 되찾아 와야만 했지!

> 유비 역시 손권을 공격해
> 형주를 되찾을 필요가 있었다…
> 유비의 청사진에서 형주를
> 점거하는 것은 패업 달성 여부를
> 결정하는 중요한 조건 중 하나였다.
> 당시에 형주를 잃고…
> (유비의) 처지가 매우 곤란해졌다.
> 바이서우이(白壽彝)
> 《중국통사(中國通史)》

손권,
내가 너
가만
안 둔다!

그래서 유비 고양이는 직접 동생들을 이끌고
손 씨네를 찾아가 결판을 내리려고 했어!

장무(章武) 원년(221년) 7월,
유비는 제군을 거느리고
동오를 정벌하러 떠났다.

장쬐야오(張作耀)《유비전(劉備傳)》

거센 기세에
손 씨네도 조금 놀랐지만,

동오는 보고 받고,
온 나라가 놀랐다.

군사과학원(軍事科學院)
《중국 군사 통사(中國軍事通史)》

손권 고양이도 '정면 승부' 할 수밖에 없었지!

손권은 형주를 확보하기 위해
그 공격을 막아내기로 결심했고,
이를 위해 준비하고,
군사도 배치했다.

군사과학원(軍事科學院)
《중국 군사 통사(中國軍事通史)》

손권 고양이가 보낸 고양이가 바로
강동의 떠오르는 스타,

육손은…
오나라 장수 사이에서
새롭게 떠오르는
걸출한 인재였다.

바이서우이(白壽彛)
《중국통사(中國通史)》

신임 전방 사령관 육손(陸遜) 고양이였어.

손권은 급히 방어 작전을 펼치고
파격적인 등용을 단행했다…
육손이 대도독[31]이 되었다.

군사과학원(軍事科學院)
《중국 군사 통사(中國軍事通史)》

---

31) 대도독(大都督) : 통치 지역의 최고 군사령관. ─ 역주.

육손 고양이는 부잣집 아들 출신으로,

육손은 자가 백언(伯言)이고
오군 오현 사람이었다.
그의 본명은 육의(陸議)였으며,
강동 호족 출신이었다
《삼국지(三國志)·
육손전(陸遜傳)》

21세에 막강한 능력으로
손 씨네 기업에 입사했어.

손권이
장군으로 임명되었을 때,
육손은 21세였고,
처음에는 손권 휘하의
장수가 되었다…
《삼국지(三國志)·
육손전(陸遜傳)》

입사 축하해,
육손아!

감사합니다,
대표님!

외모도 능력도 빠지는 게 없었지.

멋   짐

기세등등한 유비 고양이 앞에서도
육손 고양이는 전혀 긴장하지 않았어.

육손은… 냉정하게 기회를 기다렸다…
바이서우이(白壽彝)《중국통사(中國通史)》

그는 부하들에게 멋지게 한마디를 날렸지.

육손은 촉군의 기세가
등등하다는 사실을
잘 알고 있었다…
퇴각을 결심했다.
군사과학원(軍事科學院)
《중국 군사 통사(中國軍事通史)》

맞아,
육손 고양이는 군대를 이끌고 계속해서 후퇴했고,

황초 2년(221년) 7월부터
이듬해 정월까지…
육손은 500~600리를
내리 퇴각했다.
군사과학원(軍事科學院)
《중국 군사 통사(中國軍事通史)》

유비 고양이는 지쳐갔어….

(유비는) 장거리를
빠르게 진격했으나
싸우고 싶어도
그럴 수가 없었다.
장쥐야오(張作耀)
《유비전(劉備傳)》

그렇게 형주 서부 이릉(夷陵)이라는 곳까지
다다르게 되었는데,

육손은…
이릉 지역까지 퇴각한 뒤…
퇴각에서 방어로
태세를 바꿨다.
군사과학원(軍事科學院)
《중국 군사 통사(中國軍事通史)》

이곳은 협곡 안에 있어서

夷 이릉
陵

유비 고양이는 좁고 긴 길을 따라
몇백 리에 걸쳐 진영을 구축해야 했지.

유비 고양이가 좋은 사장님이긴 했지만,
이번 전술은….

유비는 군사적으로…
최고의 병법을 가진 사람은
아니었다.
마즈제(馬植傑)《삼국사(三國史)》

주위가 온통 산으로 둘러싸인 협곡 속 대군 앞에
육손 고양이가 나타났어.

촉군이
산간 지역에 포진하고 있어
병력을 펼치기가 어려웠고,
군사들은 힘과 시간을
허비한 상태였다…
육손은 이를 기회 삼아
즉각 전 병력에 출격을 명했다.

바이서우이(白壽彝)
《중국통사(中國通史)》

그는 협곡 입구를 막더니…

육손은
촉군이 배치된 모양에 맞춰…
이도(夷道)에서 촉군의 선봉 부대를
저지했다.

군사과학원(軍事科學院)
《중국 군사 통사(中國軍事通史)》

불을 놓았고…

자!

육손은 병사들에게
각자 모초(茅草)를 한 다발씩 들고
바람이 부는 방향에 맞춰
불을 붙이게 했다…

바이서우이(白壽彝)
《중국통사(中國通史)》

위풍당당하던 유비의 대군을
순식간에 다 태워버렸지.

이에 따라,
오군은 촉군의 진영에 쳐들어가
불을 지르기 시작했고,
순식간에 불길이 거세졌다.
촉군의 막사들이 불바다로 변했다.

바이서우이(白壽彝)
《중국통사(中國通史)》

그 유명한 '7백 리의 군영을 불태운' 이야기가
바로 이거야.

7백 리 군영을 불태우다

火燒七百里連營

제84회.
육손이 7백 리 군영을 불태우다.

《삼국연의(三國演義)》

유비 고양이는
숯불구이 냄새를 풀풀 풍기며 황급히 도망쳤고,
싸움은… 이렇게 끝이 났어….

촉군의 군영 40여 채가 흔적도 없이 사라졌다.
유비는 어쩔 수 없이 남은 인원들을 이끌고
이릉 서북쪽 마안산(馬鞍山)으로 퇴각했다.

바이서우이(白壽彝)《중국통사(中國通史)》

이게 바로 '이릉대전(夷陵之戰)'이야.

이릉에서의 패배는
이제 정권을 세운 촉한의 생명력에 큰 상처를 남겼고,

이릉대전에서
촉나라는 참패했고
국력은 더욱 약화되었다.

장따커(張大可)
《삼국사 연구(三國史研究)》

유비 고양이는 그 이후로 손권과
형주를 놓고 싸울 힘을 완전히 잃었어.

오와 촉이
대규모 전투를 치른 뒤…
유비는 이제 이미 손권과
형주를 놓고 다툴 힘이 없었다.

바이서우이(白壽彝)
《중국통사(中國通史)》

그렇게 삼국의 형태가 확실하게 정해졌고,

이 전쟁(이릉대전)은…
형주를 둘러싼 촉과 오의
전략적 충돌을 해결하고,
동과 서의 군사적 힘겨루기를
종결시켰다.

군사과학원(軍事科學院)
《중국 군사 통사(中國軍事通史)》

공식적으로 서로 대립하는 구조가 형성되었지.

이때부터 삼국은
각자의 영토에서 공식적인
삼자 대립 단계에 진입했다.

군사과학원(軍事科學院)
《중국 군사 통사(中國軍事通史)》

그렇다면, 참패의 결말을 맞은 유비 고양이는
또 어떤 운명을 만나게 되었을까?

촉군의 피해는 심각했다.
4만여 명이 희생되었으며,
배, 무기, 보병과 수군의
군수 물자도 거의 다 잃었다.
유비는 밤새 포위를 뚫고
서쪽으로 지름길을 질러가
백제성으로 도망쳤다.

바이서우이(白壽彝)
《중국통사(中國通史)》

이어서 계속

편집자의 말 ◇◇◇◇◇◇◇◇◇◇◇◇◇◇◇◇◇◇◇◇◇◇◇◇◇◇◇◇◇◇◇◇◇◇◇◇◇◇

　지금 우리는 보통 '삼국 시대'라는 말로 동한 말기의 난세 시대를 지칭한다. 하지만 엄격한 의미로 보자면, 이릉대전 이후 세 사람이 각각 칭제하고, 왕으로 봉해진 뒤에야 '삼국'이라는 의미가 제대로 성립한다고 볼 수 있다. 삼국의 3대 전쟁 중 마지막 전쟁인 이릉대전은 삼자 구도가 정해지는 데 결정적인 영향을 끼쳤다.

　먼저, 이릉대전으로 인해 촉나라는 크게 쇠약해졌고, 동오 역시 이에 투입한 인적, 물적 자원의 양이 너무 많았다. 전쟁이 끝난 후 양측은 모두 세를 확장할 수도, 자신을 지킬 수도 없는 상황에 놓였다. 또한, 동오는 전쟁 전 위나라를 향해 자신을 신하라고 칭하고 함께 촉한에 대항하자고 했으나, 위나라가 군사를 보내 지원하지 않았을 뿐만 아니라 동오가 전쟁이 끝난 후 회복하고 있을 때 군사를 보내 정벌했고, 이로 인해 위오 연맹이 깨졌다. 어쩌면 위나라에서 계산을 잘못해서 수차례의 동오 토벌이 성공하지 못했는지도 모른다. 어찌 되었든, 연맹도 안 되고, 강공도 안 되면서 삼국은 서로 경계하고 탐색하는 대립 단계에 들어가게 된 것이다.

| 조비 역 - 전병 | 손권 역 - 꽈배기 | 유비 역 - 해바라기씨 | 육손 역 - 새알심 |

참고 문헌 : 《삼국지(三國志)》, 《삼국연의(三國演義)》, 바이서우이(白壽彝) 《중국통사(中國通史)》, 류춘신(柳春新) 《한(漢) 말 진(晉) 초 정치 연구(漢末晉初之際政治研究)》, 마즈제(馬植傑) 《삼국사(三國史)》, 장쭤야오(張作耀) 《손권전(孫權傳)》 및 《유비전(劉備傳)》, 판원란(范文瀾) 《중국통사(中國通史)》 및 《중국통사 약본(中國通史簡編)》, 당경(唐庚) 《삼국잡사(三國雜事)》, 장따커(張大可) 《삼국사 연구(三國史研究)》, 군사과학원(軍事科學院) 《중국 군사 통사(中國軍事通史)》, 푸러청(傅樂成) 《중국통사(中國通史)》, 장판(張帆) 《중국 고대 간사(中國古代簡史)》

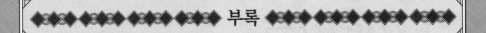
동맹 실패

유비는 조 씨네가 후방을 공격하는 것을 방지하기 위해 동오 정벌 전에 그와의 동맹을 고민했어. 하지만 조비는 얼마 지나지 않아 한 황제를 끌어내렸지. 이에 분노한 유비는 동맹을 포기했어.

좋은 말로 할 때 듣지

유비가 공격해왔을 때, 사실 손권은 먼저 화해를 청했지만, 유비는 이를 받아들이지 않고 공격을 계속했어. 그러자 결국 손권도 세게 나가기로 결심한 거야. 그는 급히 방어전을 준비하며 장군감이었던 육손을 발탁했지.

장군감이자 재상감이었던 육손

전략에 능했고, 전장에서 적군을 물리치기 위해 최선을 다했어. 군복을 벗은 뒤에는 승상이 되었고, 정치에도 일가견이 있었지.

야옹이들의 프로필

<다이어트 하기로 했는데>

<선택 장애와 미루기>

물병자리
생일 : 2월 14일
키 : 168cm
잘하는 운동 : 테니스
좋아하는 색깔 : 흰색

(인간 새알심 소개)

한로

128

제 57 장

●

유비, 제갈량에게 아들을 부탁하다

이릉에서 패한 뒤,

서기 222년 윤 6월,
오나라 장수 육손이
이릉에서 유비를 대파하고,
도망친 촉군은 1,000여 명에
불과했다. 촉한군은
연달아 대패했다…
장따커(張大可)
《장따커 문집(張大可文集)·
삼국사(三國史)》

유비 고양이는 '우울'해졌고…

유비가
전정에서 패해 돌아간 뒤…
피로감과 수치심 등
여러 정서적 영향으로
큰 병에 걸렸다.
마즈제(馬植傑)《삼국사(三國史)》

매일같이 먼 산을 바라보며
'죽기만을 기다리는' 상태였어.

유비군이 패하고…
얼마 지나지 않아 병에 걸려
침상에서 일어나지 못했다.
장쭤야오(張作耀)《유비전(劉備傳)》

사실 그는 근심에 빠진 거야….

아직 그가 정권을 세운 지 얼마 되지 않았고,

유비는…
서기 221년에 칭제했고,
서기 223년에 백제에서
큰 병에 걸렸다.
마즈제(馬植傑)《제갈량(諸葛亮)》

아들 녀석의 나이는 어렸으니까.

유선(劉禪)은…
17세 소년이었고
나라의 큰일들을
감당할 수 없었다.
마즈제(馬植傑)《제갈량(諸葛亮)》

유비, 제갈량에게 아들을 부탁하다

만약 본인이 없으면,
조비 고양이와 손권 고양이가 가만있지 않을 텐데 말이야.

촉한은 오, 위와의 관계가
모두 긴장 상태였다.
위밍샤(餘明俠)
《제갈량 평전(諸葛亮評傳)》
촉은 삼국에서
우두머리와 따르는 이들이
가장 약한 곳이었다.
마즈제(馬植傑)《삼국사(三國史)》

그래서 유비 고양이는 본부에 있던
대신을 불러서

그분 좀
바꿔줘.

(유비는) 승상을…
성도에서 불러왔다…
마즈제(馬植傑)《삼국사(三國史)》

그에게 모든 것을 맡기기로 했어.

그가 바로 제갈량(諸葛亮) 고양이야!

유비는…
유 씨의 나라가
어려워진 상황에서
최고 권력을
제갈량에게 넘겨주려 했다.
장쭤야오(張作耀) 《유비전(劉備傳)》

제갈량은 어려서부터 기백이 남달랐지만,

제갈량은
어려서부터 뛰어난 재능과
영웅의 그릇을 갖췄고,
키가 8척에 용모가
매우 훌륭해서
당시 사람들이 그를
남다르게 여겼다.
《삼국지(三國志)·제갈량전(諸葛亮傳)》

젊은 시절에는 조금 짠했어.

유비, 제갈량에게 아들을 부탁하다

그는 '공무원 2세로' 태어났지만

(제갈량의)
아버지인 제갈규(諸葛珪)는
자가 군공(君貢)이고,
한나라 말에 태산군승[32]이었다.
《삼국지(三國志)·
제갈량전(諸葛亮傳)》

얼마 지나지 않아,
공무원이던 아버지가 돌아가셨지.

그와 그의 형제들은
삼촌이 맡아 힘들게 키우셨어.

제갈량의 부친이 일찍 죽고
양주 예장(豫章) 태수인
숙부 제갈현(諸葛玄)에게
의탁했다.
바이서우이(白壽彝)
《중국통사(中國通史)》

32) 태산군승(太山郡丞) : 연주 태산군 태수의 보좌관. – 역주.

먹고살기 위해서,
삼촌은 아이들을 데리고 형주로 이사했는데,

이후 제갈현은
전란을 피해 제갈량을 데리고
형주목 유표에게 찾아갔다.
바이서우이(白壽彝)
《중국통사(中國通史)》

삼촌도 돌아가셨지….

건안 2년(197년) 정월,
서성(西城)의 백성들이
반란을 일으켜 제갈현을 죽이고,
그 목을 유요(劉繇)에게 보냈다.
《삼국지(三國志)·
제갈량전(諸葛亮傳)》
주석《헌제춘추(獻帝春秋)》

진짜 너무 짠해….

유비, 제갈량에게 아들을 부탁하다

그때부터 제갈량 고양이는
형주 교외 지역에서 농사지으며 생계를 유지했어.

힘들어….

> 제갈량은…
> 양양(襄陽)에서 멀리 떨어지지 않은
> 시골로 이사했다.
> 그래야 밭을 일궈 경제적으로
> 자급자족할 수 있기 때문이었다.
>
> 위밍샤(餘明俠)
> 《제갈량 평전(諸葛亮評傳)》

하지만, 그는 농사를 지으면서도
열심히 공부했고,

> …동시에,
> 농한기에는 양양으로 가서
> 공부하며 가르침을 받을 수 있었다.
>
> 위밍샤(餘明俠)
> 《제갈량 평전(諸葛亮評傳)》

공부도 잘했지.

> (제갈량은) 천문 지리뿐만 아니라
> 전술 병법에도 능통했다…
> 그는 당시 사회를 매우 주의 깊게
> 관찰하고 분석해서 나라를
> 다스리고 군을 사용하는 것에 관해
> 풍부한 지식을 축적했다.
>
> 바이서우이(白壽彝)
> 《중국통사(中國通史)》

풍부한 학식 덕분에
그는 형주 인재들 사이에서
인기남이 되었어.

와룡 제갈량
공부는 너무 쉽다. 책장만 넘기면 되니까.

방금전   ...

사마휘, 방덕공, 황승언, 서서, 최주평, 맹공위, 석도, 마량

사마휘 : 공감
서서 : 일 하나 안 할래?

제갈량은 자신의 절친한 친구
서서와 함께 사마휘(司馬徽)를
찾아가 가르침을 청했다.
둘은 여기저기 서로를 이끌었고,
그렇게 공명은 갈수록
많은 스승과 친구들을 두게 되었다.

위밍샤(餘明俠)《제갈량 평전(諸葛亮評傳)》

그를 잘 아는 사람들은 모두
그가 대단한 인재여서
마치 와룡처럼 언제든지 날아오를
준비를 하고 있다는 것을 알았다.

바이서우이(白壽彝)《중국통사(中國通史)》

황승언(黃承彦)은 시원시원한
면남(河南) 지역의 명사로
제갈량에게 말했다.
"부인감을 찾는다고 들었습니다.
내게 머리는 누렇고 얼굴은 까만
못생긴 딸이 있는데, 그 아이는 뛰어난
재능이 있어 당신과 잘 어울릴 것입니다."
제갈량이 승낙하자 황승언은 딸을 보냈다.

습착치(習鑿齒)《양양기구기(襄陽耆舊記)》

현지 호족은 자기 딸을
그에게 시집보내기도 했지.

사양 말게!

그는 신분 고하를 막론하고
모든 계층의 마음을 사로잡았어.

그(제갈량)는 융중(隆中)에 은거하며
강남의 명사들을 두루 사귀었다…
또한, 떠돌이 신세였던 북방의 지식인
박릉(博陵)의 최주평(崔州平), 영천(潁川)의
석광원(石廣元), 서서, 여남(汝南)의
맹공위(孟公威) 등과도 친하게 지냈다.

장따커(張大可)
《장따커 문집(張大可文集)·삼국사(三國史)》

그가 유명해지고 싶어 공부한 것은 아니었지만,
그렇다고 그저 똑똑한 농사꾼으로 남을 인물은 아니었고,

이런 좋은 평판은
자연스레 인재를 모집하던
사장님의 귀에 들어가게 되었지.

> 서서가 선주를 만난 뒤
> 선주는 그를 중히 여겼다.
> 서서가 선주에게 말했다.
> "제갈공명은 와룡입니다. 장군께서는
> 왜 그를 만나려 하십니까?"
> 선주가 말했다. "그대가 데리고 오시오."
> 서서가 말했다. "이 사람을
> 만나볼 수는 있지만, 억지로
> 데려올 수는 없습니다.
> 장군께서 자세를 낮추고
> 방문하셔야 합니다."
> 이로 인해 결국 선주가
> 제갈량을 방문했다….
>
> 《삼국지(三國志)·제갈량전(諸葛亮傳)》

맞아,
그 사장님이 바로 당시
형주를 수비하던 유비 고양이야.

> 서기 207년…
> 유비에게는 아직
> 송곳을 꽂을 만큼의 땅도 없어
> 다른 사람에게 의탁했다.
> 형주목 유표를 위해
> 북쪽 대문을 수비했다.
>
> 장따커(張大可)
> 《삼국사 연구(三國史研究)》

유비 고양이는 그의 집을 직접 찾아갔어.

그것도 세 번씩이나.

그래서 (유비는)
관우, 장비를 데리고 주둔지에서
융중으로 찾아갔으나
뜻밖에도 두 번이나 연달아
문전박대를 당하고
세 번째에야 만날 수 있었다.

바이서우이(白壽彝)
《중국통사(中國通史)》

음…
감… 감동이었지….

유비, 제갈량에게 아들을 부탁하다

결국 제갈량 고양이는
기꺼이 그와 함께 가주었어.

제갈량은 유비가 매우
겸허한 사람인 데다가
큰 포부를 품은 것을 보고,
그 자리에서 선뜻
유비의 부탁을 들어주었다.
바이서우이(白壽彝)
《중국통사(中國通史)》

'삼고초려(三顧草廬)'의 이야기가
여기서 나온 거야.

이로 인해 결국
선주가 제갈량을 방문했고,
세 번 만에 그를 만날 수 있었다.
《삼국지(三國志)·제갈량전(諸葛亮傳)》

유비는 삼고초려 했고,
세 번 만에 제갈량을
만날 수 있었다.
바이서우이(白壽彝)《중국통사(中國通史)》

(유비는) 제갈량에게 하산해서
자신이 한 황실을 부흥시키는
대업을 완수하는 일을
도와 달라고 간곡하게 요청했다…
얼마 후, 유비는 성대한 예를 갖춰
제갈량을 자신의 주둔지로 모셨다.
바이서우이(白壽彝)
《중국통사(中國通史)》

공명이 공식적으로 유비의
정치적 무리 안에 들어오게 되었다.
위밍샤(餘明俠)
《제갈량 평전(諸葛亮評傳)》

성공적으로 입사한 제갈량 고양이는
유비의 강력한 조력자가 되었어.

유비 고양이가 적에게 쫓기면,

서기 208년,
조조가 대군을 이끌고 남하해서
순조롭게 형주에 다다랐다.
유비는 장판파(長坂坡)에서 패했다.
장따커(張大可)
《삼국사 연구(三國史硏究)》

제갈량 고양이가 지원군을 이끌고 갔고,

…제갈량은
'패전했을 때 임무를 맡고,
어려울 때 명을 받아'
강동으로 파견되어
손권과 손을 잡았다.
장따커(張大可)
《삼국사 연구(三國史硏究)》

유비 고양이가 땅을 얻기 위해 전쟁에 나가면,

유비, 제갈량에게 아들을 부탁하다

제갈량 고양이는
그의 후방을 맡아주었지.

선주가 나라 밖으로 나가면
제갈량이 항상 성도를 지키고
식량과 병사를 지원했다.
《삼국지(三國志)·제갈량전(諸葛亮傳)》

굴곡진 인생을 살던 유비 고양이가
제갈량 고양이와 함께한 뒤로는…

상황이 완전히 역전되었어.

유비는 삼고초려를 통해
제갈량에게 계책을 요청했다…
이때부터 유비의 사업에
변화가 나타나기 시작했다.
장따커(張大可)
《삼국사 연구(三國史研究)》

그들은 '물 만난 물고기'와 같았지.

물 만난 물고기

선주가 나라 밖으로 나가면
제갈량이 항상 성도를 지키고
식량과 병사를 지원했다.
《삼국지(三國志)·제갈량전(諸葛亮傳)》

여어득수(如魚得水) : 마치 물고기가
물을 얻은 것과 같다는 뜻.
기댈 것이 생긴 것,
혹은 자신과 아주 잘 맞는
사람이나 환경을
만난 것을 비유한다.
《중화 성어 사전(中華成語辭典)》

하지만 세상사가 늘 좋기만 할 수는 없는 법.

유비, 제갈량에게 아들을 부탁하다

이릉에서 실패한 뒤,
긴밀했던 주군과 신하에게
마지막 난제가 주어졌어.

이릉에서 패하고
유비가 큰 병을 얻었으니
촉나라는 더욱 동요할
위험이 있었다.

톈위칭(田餘慶)
《진한위진사 탐구(秦漢魏晉史探微)》

그것은 바로 자식을 맡기는 일이었지.

유비가 이릉에서 패한 뒤…
촉나라의 원기가 크게 상하고
인재들이 죽었다…
당시 사람들은
촉나라의 "군주가 어려
나라가 위태롭다"라고 했고,
정권은 전복될 위험에 놓였다.

주사오허우(朱紹侯)
《중국 고대사(中國古代史)》

촉한의 정권은
세워진 지 얼마 되지 않은 데다

유비가 칭제했으나
아직 기초가 견고하다고
할 수 없었다.

톈위칭(田餘慶)
《진한위진사 탐구(秦漢魏晉史探微)》

내부 세력 또한 혼잡했어.

유비가 유장을 정복하고
유장의 기반이 모두
유비 진영으로 흡수된 뒤,
손님과 주인, 신과 구가
서로 하나가 되었지만,
여전히 한계가 있었다.
이는 더 이상 군사상 두 진영의
차이가 아니라 정치적인 …
차이였다.
촉나라 관리들 사이에 신
구의 갈등이 잠재된 것이
촉나라 정권의 가장 큰
우환거리였다.

톈위칭(田餘慶)
《진한위진사 탐구(秦漢魏晉史探微)》

이런 상황에서
나라를 일으킨 군주는 오늘내일하지,

장무(章武) 3년(223년) 4월,
유비의 병이 악화되었다.

바이서우이(白壽彝)
《중국통사(中國通史)》

그의 아들은 아직 어리지,

유비가 죽었고,
그의 아들은 어리고 연약했다.

《삼국지(三國志)·제갈량전(諸葛亮傳)》

심지어 초기에 함께 나라를 일으킨 대신들도
아무도 없으니,

관우가 패해 죽은 뒤,
촉한의 좋은 신하들은
거의 다 죽었다.

위밍샤(餘明俠)
《제갈량 평전(諸葛亮評傳)》

정말 너무 위급한 상황이었어.

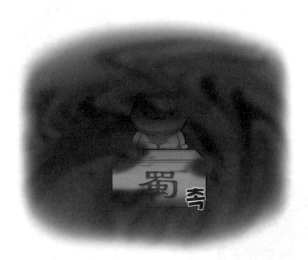

이런 상황에서,
줄곧 후방을 지키던 제갈량 고양이는
모든 것을 맡길 수 있는 최고의 적임자였지.

> 제갈량은 형주 지주들 중에서
> 가장 뛰어난 사람이었고,
> 그중에서도 비교적 일찍
> 유비를 따르고 유비와
> 관계가 깊었던 사람이었다…
> 사실 유비의 입장에서도
> 촉한의 정권을 제갈량이
> 이끌도록 하는 것이 정확하고
> 믿을 만한 방법이었다.
>
> 마즈제(馬植傑)《제갈량(諸葛亮)》

서기 223년, 유비 고양이는 신하들 앞에서
공식적으로 나라를 제갈량 고양이에게 넘기고,

> 유비는 임종 당시,
> 백제성에서 자신을 곁에서 모시던
> 군신들을 불러 칙령을 선포했다.
> "제갈량에게 아들을 맡긴다."
>
> 위밍샤(餘明俠)
> 《제갈량 평전(諸葛亮評傳)》

오래도록 전해져오는
그 유언 몇 마디를 남겼어.

네 아들이 보좌할 만하면 보좌하고…
재능이 없으면 그대가 취하라…
如其不才
君可自取……
輔之
若嗣子可輔

> 유비가 백제성에서
> 병이 깊어 성도로부터
> 제갈량을 불러 뒷일을 부탁했다.
> 그는 제갈량에게 말했다.
> "그대의 재능이 조비보다
> 열 배는 뛰어나니 분명 나라를
> 안정시키고, 결국에는 대업을
> 이룰 수 있을 것이오.
> 만약 내 아들이 보좌할 만하면
> 보좌하고, 재능이 없으면
> 그대가 이 나라를 취하시오."
>
> 《삼국지(三國志)·제갈량전(諸葛亮傳)》

유비, 제갈량에게 아들을 부탁하다

이 유언에 대해
수많은 추측이 있었는데,

유비가 백제성에서
제갈량에게 나라를 맡기면서
"(아들이) 재능이 없으면,
그대가 이 나라를 취하시오"라는
등의 말을 한 것을 두고,
당시뿐만 아니라 지금까지도
사람들의 의견이 분분하고,
하나로 결론 나지 않고 있다.

위밍샤(餘明俠)
《제갈량 평전(諸葛亮評傳)》

어떤 사람들은 역사상 가장 진실한 주군과
신하의 우정을 말했다고 하고,

그(유비)가 나라와 자식을
제갈량에게 맡겼고,
이에 대해 다른 생각을 하지 않았다.
이런 공평한 군신의 관계는
예로부터 지금까지도
좋은 본보기가 되었다.
《삼국지(三國志)·선주전(先主傳)》

또 어떤 사람들은 유비 고양이가
제갈량 고양이를 떠본 것이라고도 했지.

청나라 시절에 편찬된
《통감집람(通鑑輯覽)》에서는
유비가 제갈량에게 아들을 부탁했다면
"(아들이) 재능이 없으면,
그대가 이 나라를 취하시오"와 같은
신뢰하지 않는 듯한 말은 하지
말았어야 했고, 그 말의 목적은
공명에게 공개적으로 '충성을 다하고
지조를 지키다 죽을 것'이라는
태도를 보이도록 강요하는 것에
불과했다고 말했다.
위밍샤(餘明俠) 《제갈량 평전(諸葛亮評傳)》

유비가 제갈량에게 한
그 몇 마디 말로 제갈량에 대한
그의 신임을 느낄 수 있다.
마즈제(馬植傑) 《삼국사(三國史)》

하지만 그게 뭐였든
유비 고양이의 이 유언은
제갈량 고양이를 인정해주고

그의 정치적 입지를 굳건하게 해주는 내용이었으며,

유비, 제갈량에게 아들을 부탁하다

그가 촉한 정권을 장악하고,
유비 고양이의 아들을 보조하는 데
큰 힘이 되어주었어.

유비가 '아들을 부탁'하면서…
제갈량의 권력이 강해졌고,
촉한의 질서를 안정시키는 데
효과적이었다.
장쥐야오(張作耀)《유비전(劉備傳)》

그제야
유비 고양이는 마음 편히 두 눈을 감았고,
그의 고된 일생도 막을 내렸지.

(223년) 여름 4월 계사일,
선주가 영안궁에서 세상을 떠났다.
그의 나이 63세였다.
《삼국지(三國志)·선주전(先主傳)》

그리고 제갈량 고양이는
이 무거운 책임을 짊어지게 되었어.

제갈량은
촉한을 다스리는 중책을
완전히 짊어졌다.
장따커(張大可)
《장따커 문집(張大可文集)·
삼국사(三國史)》

촉한 정권은 이렇게 제갈량의 시대에
돌입하게 된 거야.

제갈량은 유언을 받들어
다음 군주를 보좌하고
연호를 건흥(建興)으로 바꿨다.
장따커(張大可)
《장따커 문집(張大可文集)·
삼국사(三國史)》

이 거센 풍파 속에서
제갈량 고양이는 어떻게 다음 발걸음을 내디뎠을까?

건흥 원년(223년),
제갈량을 무향후(武鄕侯)에 봉하고,
부서를 열어 정무를 보게 했다.
《삼국지(三國志)·제갈량전(諸葛亮傳)》

이어서 계속

현명한 군주와 신하는 고대 지식인들이 추구하던 이상 중 하나다. '삼고초려'에서 '죽기 전 자식을 맡기는 일'까지, 유비와 제갈량의 관계는 사람들의 부러움을 사지 않는 부분이 없다. 삼국 시대 이후 근 2000년의 시간 동안 지식인들은 군신의 우정에 대한 자신의 이상을 이 두 사람에게 투영했다. 그들은 끊임없이 토론하고 재창조하는 방식으로 이 관계를 더 치켜세워서 '천고의 모범'으로 추앙하고, 사람들에게 가시적인 목표를 만들어주었다. 그래서 사료를 연구한 뒤든, 영화나 드라마를 감상한 뒤든 우리 역시 같은 느낌을 받는다.

이중톈[33] 교수의 '역사적 이미지, 문학적 이미지 그리고 민간 이미지' 분석법에서 알 수 있듯이, 우리가 역사적 인물을 볼 때, 물론 1000년 동안 축적된 문화와 감정을 그로부터 완전히 분리하기는 어렵지만, 어느 정도는 그 인물을 비교적 전면적이고 이성적으로 인식할 수 있다.

제갈량 역 - 꽃빵

유비 역 - 해바라기씨

참고 문헌 : 《삼국지(三國志)》, 《중화 성어 사전(中華成語辭典)》, 장따커(張大可)《장따커 문집(張大可文集) · 삼국사(三國史)》 및 《삼국사 연구(三國史研究)》, 마즈제(馬植傑)《삼국사(三國史)》 및 《제갈량(諸葛亮)》, 장쭤야오(張作耀)《유비전(劉備傳)》, 위밍샤(餘明俠)《제갈량평전(諸葛亮評傳)》, 바이서우이(白壽彝)《중국통사(中國通史)》, 습착치(習鑿齒)《양양기구기(襄陽耆舊記)》, 톈위칭(田餘慶)《진한위진사 탐구(秦漢魏晉史探微)》, 주사오허우(朱紹侯)《중국 고대사(中國古代史)》

---

33) 이중톈(易中天) : 중국에서 고대 문학을 전공한 학자 겸 교육자. - 역주.

우수한 유전자

제갈 가문에서 인재가 많이 나왔는데, 촉나라 재상 제갈량 외에 동오의 대장군 제갈근(諸葛瑾), 위나라 대장군 제갈탄(諸葛誕)도 있었어. 어떤 사람은 "촉이 용을 얻고, 오는 호랑이를 얻고, 위는 개를 얻었다"라고 표현하기도 했지.

'융중대(隆中對)'

유비의 삼고초려가 제갈량의 마음을 움직였고, 결국 제갈량은 유비의 군사가 되었어. 그리고 유비를 위해 '천하 제패를 위한 작전 가이드'도 만들었지. 그게 바로 '융중대'야.

질투심

제갈량이 공식적으로 유비 무리에 들어온 이후, 아침부터 저녁까지 유비와 함께 다니며 시사와 책략을 토론했어. 서로 너무 가까이 지낸 나머지 관우와 장비가 질투할 정도였지.

야옹이들의 프로필

<강의 신 1>

어느 날, 꽃빵이 실수로 도끼를 강에 빠뜨렸어.

이때, 강의 신이 나타났지.

와….

젊은이, 이 금도끼가 자네 것인가?

네, 근데 가지세요. 저는 많아서요.

<강의 신 2>

어느 날, 꽃빵이 실수로 도끼를 강에 빠뜨렸어

이때, 또 강의 신이 나타났지.

금도끼와 은도끼가 있네….

어떤 것이 자네 것인가?

둘 다 아니에요. 제 것은 다이아몬드가 박혀 있거든요.

154

꽃빵

사자자리
생일 : 8월 15일
키 : 179cm
잘하는 운동 : e스포츠
좋아하는 색깔 : 금색

(인간 꽃빵 소개)

155

제 58 장

•

제갈량이 촉을 통치하다

유비 고양이가 모든 것을
제갈량에게 부탁하고…

제갈량,
뒷일을
부탁하네….

죽기 전, (유비는) 사람을 보내
제갈량을 백제성으로 오게 하고,
그에게 뒷일을 맡겼다.
바이서우이(白壽彝)
《중국통사(中國通史)》

죽었어.

형님!

장무 3년(223년) 4월,
유비의 병이 악화되어
영안궁에서 세상을 떠났다.
그의 나이 63세였다.
바이서우이(白壽彝)
《중국통사(中國通史)》

촉한이라는 골칫덩어리를 남긴 채 말이야.

유비가 막 세상을 떠나고,
유선은 어리고 연약한 상황에서
제갈량은 가혹한 현실을
마주해야 했다.
위밍샤(餘明俠)
《제갈량 평전(諸葛亮評傳)》

공사 중단
蜀 촉

당시의 촉은
밖으로는 전쟁이 끝난 지 얼마 되지 않았고,

이릉대전에서 패한 지
얼마 되지 않았을 때라
아직 국력이 회복되지
않은 상태였다.

위밍샤(餘明俠)
《제갈량 평전(諸葛亮評傳)》

안으로는 재정이 바닥난 상태였지.

게다가 매년
군사들을 동원하느라
백성들의 삶이 많이
어려워진 상태였다.

위밍샤(餘明俠)
《제갈량 평전(諸葛亮評傳)》

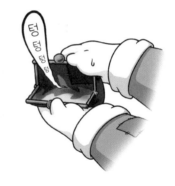

아무튼 매우 '허한' 상황이었어.

유비가 이릉에서 패한 뒤
병으로 죽자 촉나라의 원기가
크게 상했고, 인재들의 씨가 말랐다…
정권은 전복될 위험에 놓였다.

주사오허우(朱紹侯)
《중국 고대사(中國古代史)》

그렇다면 이 문제 많은 나라를
떠안은 제갈량 고양이는
어떻게 해야 할까?

나 좀
살려줘…

> 제갈량이 유비로부터
> 후주[34]를 부탁받은 뒤,
> 그가 중점적으로 고민했던 것은
> 바로 어떻게 해야 이 작고 연약한
> 촉나라가 빨리 원기를
> 회복할 수 있겠는가…
> 삼국의 균형을 유지할 수
> 있겠는가였다.
>
> 주사오허우(朱紹侯)
> 《중국 고대사(中國古代史)》

그는 두 가지 일을 했어!

먼저 외교를 회복했지.

> 제갈량이 황제를
> 보좌하게 된 후에 한 일 중
> 첫 번째 큰일은 동오와의
> 연맹을 회복하는 것이었다.
>
> 바이서우이(白壽彝)
> 《중국통사(中國通史)》

---

34) 후주(後主) : 다음 군주, 유선을 가리킨다. - 역주.

당시, '삼자 대립' 구도는
이미 자리를 잡았어.

삼국 대립 국면이
시작되었을 때가
곧 이릉대전이 끝났을 때였다.
군사과학원(軍事科學院)
《중국 군사 통사(中國軍事通史)》

촉의 입장에서
위나라를 치자니

이길 수 없고….

촉나라는 혼자서는
위나라에 맞설 수 없었다.
장따커(張大可)
《장따커 문집(張大可文集)·
삼국사(三國史)》

제갈량이 촉을 통치하다

동오를 치자니

얻어맞은 지 얼마 되지 않아서….

이릉대전에서
촉나라는 참패했고
국격은 쇠약해졌다.
장따커(張大可)
《장따커 문집(張大可文集)·
삼국사(三國史)》

아무튼, '삼국'에서 자신이 가장 약한 상황이었지….

촉한은 삼국 중
땅도 가장 작고,
사람도 가장 적으며,
힘도 가장 약한 나라였다.
장판(張帆)
《중국 고대 간사(中國古代簡史)》

그래서 제갈량 고양이는 촉을 맡고 나서
다시 동오에 친구 추가 신청을 보냈어.

제갈량은 223년 10월
상서[35] 등지(鄧芝)를
동오로 보냈다.
주사오허우(朱紹侯)
《중국 고대사(中國古代史)》

위나라의 위협에
동오도 사실 움츠리고만 있고 싶지 않아서

오나라와 촉나라는
위나라의 압박을 받으며
이에 각자 대항했다.
두 나라는 서로 지원할 수 없었고,
오히려 서로를 경계해야 했다.
두 나라는… 이런 불리한 상황을
극복하기 위해
다시 연맹을 맺기 위해
많은 노력을 기울였다.
군사과학원(軍事科學院)
《중국 군사 통사(中國軍事通史)》

---

35) 상서(尚書) : 중앙 부처의 장. 지금의 장관급 관직. — 역주.

오촉 연맹은 빠르게 재결합했지!

제갈량은 223년에
등지를 동오에 보냈다.
양측이 서로 의논한 끝에,
손권은 위나라와의 관계를 끊고
다시 촉한과 연명을 맺었다.

바이서우이(白壽彝)

《중국통사(中國通史)》

'삼국' 관계가 다시
'오촉 대 위'로 돌아간 거야.

오나라와 촉나라가
연맹을 부활시켰다…
삼국의 대립 국면이…
안정적인 2약(오, 촉) 1강(위) 상태로
넘어갔다.

군사과학원(軍事科學院)

《중국 군사 통사(中國軍事通史)》

이 조치(오촉 연맹)는
촉나라가 나라를 바로 세우는 데
적합한 외부 환경을 제공했다.

주사오허우(朱紹侯)

《중국 고대사(中國古代史)》

유비가 동오 정벌에 실패하면서
수많은 군대와 군수품을 잃었고
이로 인해 나라 안의
상황도 불안정해졌다.

마즈제(馬植傑) 《삼국사(三國史)》

외부 상황은 완화되었지만
촉 내부 문제는 아직 남아 있었어.

촉 정권은
유비 고양이가 익주를 차지한 뒤 세운 거였는데,

214년 4월… 유비는
유장의 익주를 점령했다…
221년 4월, 한나라를
계승한다는 명목으로
성도 무담(武擔) 이남 지역에서
황위에 올랐다.
군사과학원(軍事科學院)
《중국 군사 통사(中國軍事通史)》

익주의 본토 세력들은 겉으로는 통치받는 것 같았지만,

유장은 나약하고 두려움이 많아
강성 호족들이 법을 지키지 않고
멋대로 행동하는 것에 대해
법 집행을 엄격하게 하지 못해서
익주 호족들의 횡포와
권력 독점, 통치 세력 약화를
조장했다…

군사과학원(軍事科學院)
《중국 군사 통사(中國軍事通史)》

(유비는) 유장의 옛 부하와
익주의 지주들을 회유해
긴장 국면을 해소하려 애썼다.

젠보짠(翦伯贊) 《중국사강요(中國史綱要)》

뒤에서는 자신들의 세력을 믿고
제멋대로 날뛰고 있었지.

이를 어쩌면 좋지?

법으로 다스리는 거야!

…제갈량은
이 적폐를 해결하기 위해
법으로 나라를 다스리기로 했다.

군사과학원(軍事科學院)
《중국 군사 통사(中國軍事通史)》

맞아,
제갈량이 한 두 번째 일은 바로
촉나라를 법으로 엄격하게 다스리는 것이었어.

정치적인 측면에서,
제갈량은 동한 시절부터
익주에서 지속된
'백성을 위한 정치를 하지 않고,
법의 위엄을 엄격하게 세우지 않는'
병폐의 해결을 위해
엄격하게 법치를 시행했다.

주사오허우(朱紹侯)《중국 고대사(中國古代史)》

간단하게 말하자면,
법을 잘 지키고 말을 잘 들으면 상을 주고

나라를 위해
일하고자 하는 자(익주 지주)에게는
관직을 얻을 수 있는
길을 열어주었다.

군사과학원(軍事科學院)
《중국 군사 통사(中國軍事通史)》

법과 규율을 어지럽히면 벌을 주는 거지!

잘못을 한 자는
엄중하게 처벌했다.

군사과학원(軍事科學院)
《중국 군사 통사(中國軍事通史)》

강경한 통치를 통해 촉한은 점차 전쟁 후의
혼란에서 벗어날 수 있었고,

> 제갈량은 법치를 통해
> 정치가 바른길로 향하고,
> 사회 분위기가 호전되는
> 확실한 효과를 거뒀다.
> 주사오허우(朱紹侯)
> 《중국 고대사(中國古代史)》

농업 발전을 통해,

> 경제적인 측면에서 제갈량은
> 익주 현지의 이점을
> 충분히 활용해서…
> '농업에 힘쓰며 곡식을 기르고,
> 관문을 닫고 백성을
> 평안하게 하는 것'에
> 전력을 다했다.
> 주사오허우(朱紹侯)
> 《중국 고대사(中國古代史)》

경제도 회복되었어.

하지만, 원기를 회복한 것만으로
다른 두 나라에 맞서기에는 역부족이었지.

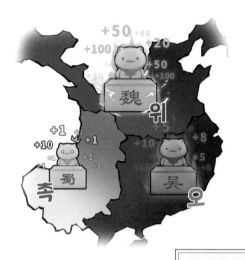

하지만 촉나라는 위나라, 오나라에
비하면 경제적으로나,
군사적으로나 모든 면에서
가장 약한 나라였다.

젠보짠(翦伯贊)《중국사강요(中國史綱要)》

그럼 어떻게 해야 힘을 한 단계 업그레이드 할 수 있을까?

촉한의 남부,
지금의 윈난(雲南), 구이저우(貴州),
쓰촨(四川) 남부 지역은
당시 '남중(南中)'이라 불렸고,
그곳에 사는 수많은 소수 민족들을
'서남이[36]'라고 불렸다.

주사오허우(朱紹侯)
《중국 고대사(中國古代史)》

···후환을 제거하고
군사적 재원을 일구기 위해서
제갈량은··· 남중을
안정시켜야 했다.

바이서우이(白壽彝)《중국통사(中國通史)》

제갈량 고양이는 당시 익주 남부의
'오랑캐'를 타깃으로 삼았어.

이들은 유비 고양이가
죽은 틈을 타 반란을 일으켰는데,

황제가
죽었다,
독립하러
가자!

223년에 유비가 죽고,
촉나라가 '군주의 나이가 어려
나라가 위기에 처한' 상황일 때,
남중에서 반란이 일어났다.

주사오허우(朱紹侯)
《중국 고대사(中國古代史)》

이들이 점령하고 있는 지역이
물자도 풍부하고,

(익주라는) 이 작은 영토에서
남중이 절반을 차지하고 있었는데,
그 절반의 땅에 풍부한 금, 은,
단사(丹沙)*, 옻, 밭 가는 소, 전투마
등이 있었다···

마즈제(馬植傑)《삼국사(三國史)》

* 단사 – 수은으로 이루어진 황화 광물

36) 서남이(西南夷) : 서남 오랑캐. – 역주.

백성들의 수도 많아서,

> …그리고 소박하고 강인하며
> 싸움을 잘하는 여러 민족 사람들이 있었다.
> 마즈제(馬植傑) 《삼국사(三國史)》

흐흐!
업그레이드의 '제물'로 쓰기 딱 좋았지.

그래서 제갈량 고양이는
대군을 이끌고 나가 그들을 밀어버렸고,

225년 3월,
제갈량이 직접
대군을 이끌고
남쪽으로 내려가
반란을 평정했다.

바이서우이(白壽彛)
《중국통사(中國通史)》

나를 따르라!

오랑캐 고양이들도 완강하게 버텼으나
중원의 정식 군대의 상대가 될 순 없었어.

촉한의 대군은
대부분 엄격한 훈련을 받고
전투 경험이 있는 정예군이었지만,
소수 민족장 고정(高定)이 이끄는
부대(남중 반란군)는 오합지졸로
병사들의 무기와 실력이
촉한군의 상대가 되지 않았다.

위밍샤(餘明俠)
《제갈량 평전(諸葛亮評傳)》

그들의 우두머리는 완전히 놀림감이 되어서,

일곱 번 붙잡히고
일곱 번 놓이기를 반복했지.

> 현지 소수 민족의 수령은…
> 계속 촉군에 저항했고…
> 제갈량은 갑자기 (남중의 수령을)
> 다치게 하지 말고
> 생포하라 명했다…
> 다시 그를 놓아주었다.
> 이렇게 잡고 놓아주는 일을
> 일곱 번 반복했다.
> 바이서우이(白壽彝)
> 《중국통사(中國通史)》

더 이상 할 수 있는 게 없을 때까지 말이야….

> 제갈량이 마지막으로
> 그를 놓아주었을 때, (수령은)
> 이를 기쁘게 받아들이며 말했다.
> "제갈공, 천하에 위세를 떨치시오.
> 남쪽에서 다시는 반란을
> 일으키지 않겠소!"
> 바이서우이(白壽彝)
> 《중국통사(中國通史)》

그 우두머리 이름이 맹획(孟獲)이었어.

제갈량은…
위세를 떨치면서도 은혜를 베풀어
맹획 수령은 일곱 번 잡았다
풀어주었고, 결국 서남이가
촉나라에 완전히 복종한다는
약속을 받아냈다.

장판(張帆)
《중국 고대 간사(中國古代簡史)》

'칠금칠종37)'이 여기서 나온 말이었지.

안 할래…

맹획을 일곱 번 잡았다 풀어준
이야기는 훗날 널리 퍼졌다.
마즈제(馬植傑)《삼국사(三國史)》

결국, 남부의 반란이 모두 평정되었어.

그 후, 제갈량은
남쪽 호수 전지(滇池)까지
남중의 다른 지역을 계속 평정했다…
촉한 정권과 남중 지역의 관계를
적절하게 해결했다.

바이서우이(白壽彝)《중국통사(中國通史)》

해결

37) 칠금칠종(七擒七縱) : 일곱 번 잡아 일곱 번 놓아줌. – 역주.

촉은 이를 통해 대량의 군사와 군수품을 얻었고,

제갈량이
남중을 평정하면서
대량의 군수품을 확보해
나라가 풍요로워졌다.
이렇게 군사와 자원을
늘리려고 했던 목표가
달성되었다.
바이서우이(白壽彝)
《중국통사(中國通史)》

'국력'도 확실히 한 단계 상승했지.

훗날 남중은 촉한 정권의 비교적 안정적인 후방이자
수입의 근원지가 되었다. 그곳의 금, 은, 단사, 옻, 밭 가는 소,
전투마를 비롯한 여러 물자들은 촉한 정권의 재정적, 군사적 필요를
채워주었다. 촉한 정권은 남중에서 얻은 대량의 군사들을
용감하게 작전을 수행하는 정예군 '비군(飛軍)'으로 발전시켰다.
바이서우이(白壽彝) 《중국통사(中國通史)》

국정을 맡은 3년 동안,
제갈량 고양이의 엄청난 노력으로
어려운 국면들이 해결되었어.

건흥 원년(223년),
제갈량을 무향후에 봉하고,
부서를 열어 정무를 보게 했다.
3년 봄, 제갈량이 군을 이끌고
남쪽을 정벌했다···
그해 가을에 완전히 평정했다.
《삼국지(三國志)·제갈량전(諸葛亮傳)》

위기에 처했던 촉한의 정권이
평안을 찾았으며,

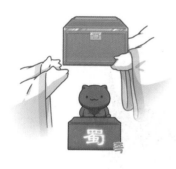

촉나라는
제갈량의 통치 아래
정치는 깨끗해지고
계급 간 충돌은 완화되어
백성들의 호감을 얻었다.
군사과학원(軍事科學院)
《중국 군사 통사(中國軍事通史)》

촉한의 세력도 업그레이드 되었지.

제갈량이
성실하게 일하고
나라를 잘 다스려서
촉한의 정치, 경제, 문화가
큰 발전을 이뤘다.
법률 출판사(法律出版社)
《중국 법제 통사(中國法制通史)》

공격 ∥ 방어 ∥ 재산

하지만
한쪽 구석에서 왕 노릇 하던 촉한 정권도
위나라 정권의 위협에 맞설 필요가 있었어.

위나라의
국력이 세지면서 촉나라에게…
지속적인 압박으로 작용했다.
군사과학원(軍事科學院)
《중국 군사 통사(中國軍事通史)》

제갈량 고양이의 다음 스텝은
또 어디로 향했을까?

제갈량은…
전쟁에 대비해 훈련하며
군사를 크게 일으킬 때를 기다렸다.
《삼국지(三國志)·제갈량전(諸葛亮傳)》

이어서 계속

편집자의 말 ◇◇◇◇◇◇◇◇◇◇◇◇◇◇◇◇◇◇◇◇◇◇◇◇◇◇◇◇◇◇◇◇◇

제갈량의 책략에 관한 이야기는 많지만, 상대적으로 그의 정치적 성과에 관한 이야기는 많지 않다.

곰곰이 생각해보면, 일찍이 그는 적과 아군의 형세를 정확하게 분석한 '융중대'를 바탕으로 유비 무리를 생존, 발전시켰고, 결국 '삼국의 역사'로 이끄는 데 성공했다. (장따커(張大可) 《삼국사 연구(三國史研究)》)

촉한을 다스리기 시작한 뒤로는 덕행을 기준으로 관리를 뽑고 나라를 다스리는 방식을 대담하게 정착시켰고, 명백한 조항을 제정함으로써 '상벌을 명확하게 해서 잘못이 없으면 벌하지 않고, 잘한 것이 없으면 상도 주지 않도록' 했다. '법치'를 통해 촉한 정권은 빠르게 안정을 찾았고 계급 간의 갈등도 완화되었다. 이 모든 것들을 통해 그의 정치가로서의 안목과 패기, 수완을 느낄 수 있다. 일부 사학자들은 심지어 그를 삼국 시대에 조조, 손권, 유비 세 영웅에 준하는 '네 번째' 걸출한 정치가라고 말하기도 한다.

제갈량 역 - 꽃빵

유비 역 - 해바라기씨

참고 문헌 : 《삼국지(三國志)》, 바이서우이(白壽彝) 《중국통사(中國通史)》, 위밍샤(餘明俠) 《제갈량 평전(諸葛亮評傳)》, 주사오허우(朱紹侯) 《중국 고대사(中國古代史)》, 장따커(張大可) 《장따커 문집(張大可文集)》, 장판(張帆) 《중국 고대 간사(中國古代簡史)》, 군사과학원(軍事科學院) 《중국 군사 통사(中國軍事通史)》, 마즈제(馬植傑) 《삼국사(三國史)》, 젠보짠(翦伯贊) 《중국사강요(中國史綱要)》, 법률 출판사(法律出版社) 《중국 법제 통사(中國法制通史)》

베 짜기로 키운 군대

제갈량이 정권을 운영할 때 경제도 크게 발전시켰어. 특히 촉나라는 면 직조업의 수준이 뛰어나서 정교하고 아름다운 면 제품들이 위나라, 오나라 심지어는 서방 국가에까지 수출되었지. 이를 통해 얻은 황금으로 촉나라의 군비를 충당할 수 있었어.

가벼운 소매

제갈량은 청렴결백한 삶을 산 사람이었어. 개인 재산을 많이 모으지도 않았고, 죽어서도 별다른 유산을 남기지 않았지. 유일하게 하나 남긴 거라고는 집 후원에 심은 뽕나무뿐이었어.

제갈 만터우

제갈량이 남부의 오랑캐들을 정벌할 때, 현지 관습에 따라 사람의 머리를 신에게 바쳐 승리를 기원해야 했지만 차마 그럴 수 없었어. 대신 흰 밀가루 반죽 안에 고기를 넣어 쪄서 사람의 머리를 대신하게 했지. 이 일은 지금의 '만터우(饅頭)'의 유래라고 불리는 여러 이야기 중 하나가 되었어.

야옹이들의 프로필

라면 극장

<꽈배기의 라면>

<타코야끼>

쌍둥이자리
생일 : 6월 1일
키 : 180cm
잘하는 운동 : 표창 던지기
좋아하는 색깔 : 커피색

(인간 라면 소개)

제 59 장

•

공격을 최선의 수비로 삼은 제갈량

서기 228년부터,

제갈량 고양이는 장장 7년간의
위나라 토벌 전쟁을 시작했어.

서기 228년부터 234년까지 7년간,
제갈량은 다섯 차례 위나라
정벌 전쟁을 일으켰다.
장따커(張大可)
《장따커 문집(張大可文集)·
삼국사(三國史)》

역사에서는 이를
'제갈량의 북벌'이라고 부르지.

'제갈량의 출정'…
첫 번째 출정에서 주요 공격 방향이
농산(隴山)이었기 때문에…
학술계에서는 일반적으로 이를
'제갈량의 북벌'이라고 부른다.
장따커(張大可) 《삼국사 연구(三國史研究)》

짧은 발전이 있었지만,

내정을 정비했고
농업을 장려했으며
백성을 쉬게 하고
병사들을 훈련시켰다…
촉한 내부가 평안했다.

판원란(范文瀾)《중국통사(中國通史)》

촉나라는 여전히 삼국 중에서
힘이 가장 약한 나라였어.

위촉오 삼국 중
촉나라의 힘이 가장 약했다.

주사오허우(朱紹侯)
《중국 고대사(中國古代史)》

나라의 힘이 약한데

제갈량 고양이는 왜 계속 먼저
전쟁을 일으켰을까?

그건 상황이 바뀌었기 때문이었어.

제갈량이 북벌을
할 때의 상황은 '초려대[38]'를
만들었을 때와는 완전히 달랐다.
주사오허우(朱紹侯)
《제갈량의 남정북벌에 대한 평가
(對諸葛亮南征北伐的評價)》

원래 계획대로 진행하려면
촉한은 형주와 익주 두 주를 기반으로 삼고,

북벌을 준비하기 위해
유비 무리는 '융중대'에서 나온
형주, 익주를 손에 넣는 계획을
적극적으로 실현시켰다.
군사과학원(軍事科學院)
《중국 군사 통사(中國軍事通史)》

---

38) 초려대(草廬對) : 융중대. – 역주.

양쪽에서 군사를 일으켜
위나라를 쳐야 하는데,

'융중 노선'에서 나온
전략에 따라 제갈량은
북벌의 방향이 (익주에서)
진주(秦州)를 향해야 하고,
반드시 형주의 병력이 동시에
완성과 낙양을 공격해줘야 했다.

장따커(張大可)
《장따커 문집(張大可文集)·
삼국사(三國史)》

형주를 잃은 거지….

관우가 형주를 잃고,
유비가 동쪽으로 진출했다가
이릉에서 패하는 일이
연달아 일어났다…

장따커(張大可)
《삼국사 연구(三國史研究)》

(맞아, 그게 다 이 두 형님이 사고 쳐서 그런 거야….)

걱정 마,
안 그럴 거야…

유비 형,
제갈량이 뭐라고
하는 건 아니겠지?

그렇게 되면서
촉한과 위나라 간 힘의 차이가 매우 커졌어.

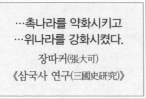

…촉나라를 약화시키고
…위나라를 강화시켰다.
장따커(張大可)
《삼국사 연구(三國史研究)》

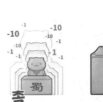

국가 규모로 봤을 때도,

촉나라에는 익주와

한나라 13개 주에서…
촉나라는 1개 주를 얻었다.
장따커(張大可)
《장따커 문집(張大可文集)·
삼국사(三國史)》

약 90만 명의 백성이 있었지만,

촉한이 나라를 세우고…
인구는 90만이었다.
루위(路遇)
《중국 인구 통사(中國人口通史)》

위나라에는 9개의 주와

한나라 13개 주에서
위나라는 9개 주를 얻었다.
장따커(張大可)
《장따커 문집(張大可文集)·
삼국사(三國史)》

800만여 명의 백성이 있었지….

위나라는…
인구가 800만 이상이었다.
루위(路遇)
《중국 인구 통사(中國人口通史)》

공격을 최선의 수비로 삼은 제갈량

군사력으로 본다면?

제갈량은 몇 년간
온 힘을 다해
나라를 다스렸다…
20만에 달하는
정예병을 키워냈다.

장따커(張大可)
《장따커 문집(張大可文集)·
삼국사(三國史)》

제갈량의 첫 북벌에서…
10만 대군을 이끌었다.

주사오허우(朱紹侯)
《중국 고대사(中國古代史)》

촉군은 10여만 명인 데 반해,

위군은 촉나라 토벌에 나선
최전선 부대에만 20만 명이 있었어.

위나라가
그(촉나라)를 상대하기 위해
보낸 병력은 최전선 부대만
20만 명이었다.

주사오허우(朱紹侯)
《중국 고대사(中國古代史)》

이런 차이 때문에
제갈량 고양이는 전략을 바꿀 수밖에 없었지.

그게 바로 공격을
최선의 수비로 삼은 것이었어!

이런 불리한 상황에서
전국 통일 전쟁을 고집한다면
그 결과는 철저한 패배뿐이었을 것이다.
그래서 (제갈량은) 잠시 북벌 전쟁을
'수비를 위한 공격'의 방식으로
전환했다.

주사오허우(朱紹侯)
《제갈량의 남정북벌에 대한 평가
(對諸葛亮南征北伐的評價)》

제갈량 고양이는
살아남아야 발전할 가능성도
있는 것으로 생각한 거야.

무향후[39]는 전체 상황을
마음에 품고 있고, 위나라가 하루아침에
멸망하지 않을 거라는 것,
후주가 지금 가진 땅으로
한나라를 부흥시킬 수 없을 거라는 것을
알고 있었다. 무향후가 군사를 이끌고
북벌을 나간 것은 공격함으로써
수비하기 위함이었다.

왕부지(王夫之)《독통감론(讀通鑑論)》

---

39) 무향후(武鄕侯) : 무향후는 제갈량을 뜻한다. — 편집자 주.

그래서 강대국인 위나라를 향해
계속 먼저 공격을 감행할 수밖에 없었던 거지.

> 촉한이 약하게 보이면
> 위나라는 반드시 공격할 것이고,
> 촉나라는 수동적으로 공격당하는
> 국면에 놓일 것이다.
> 주사오허우(朱紹侯)
> 《제갈량의 남정북벌에 대한 평가
> (對諸葛亮南征北伐的評價)》

먼저 공격한다는 것은 상대의 집 앞에
찾아가 싸우는 것이기 때문에

> 만약 수비하기 위해 공격한다면
> 촉한은 주도권을 잡을 수 있었다…
> 위나라가 함부로 경거망동하지
> 않게 할 수 있었다.
> 주사오허우(朱紹侯)
> 《제갈량의 남정북벌에 대한 평가
> (對諸葛亮南征北伐的評價)》

이기면 그만큼의 땅을 얻는 것이고,

지더라도 자기 나라는 전쟁으로 인한
영향을 받지 않을 수 있었어.

공격을 최선의 수비로 삼음으로써
약소국인 촉한이 강대국인
위나라를 상대할 때 전쟁을
나라 밖에서 치를 수 있었다.
주사오허우(朱紹侯)
《제갈량의 남정북벌에 대한 평가
(對諸葛亮南征北伐的評價)》

제갈량의 북벌은 수비를 위한
공격이었으므로…
'기산(祁山)을 통과해' 공격하거나
'농산 서쪽 지역을 평정'했다.
주사오허우(朱紹侯)
《제갈량의 남정북벌에 대한 평가
(對諸葛亮南征北伐的評價)》

위나라는 검각(劍閣)을 넘어
촉한의 북쪽을 칠 수 없고,
계(階), 문(文) 지역을 우회해
서쪽을 칠 수도 없었다.
이렇게 촉한은 굳건하게 살길을
강구할 수 있었다.
왕부지(王夫之)《독통감론(讀通鑑論)》

즉, 당시 상황에서는
수동적으로 방어하기보다는
능동적으로 방어해야
촉한의 존재 자체를 지킬 수 있었던 거지.

그렇다면 북벌은 성공했을까?

공격을 최선의 수비로 삼은 제갈량

아니!

제갈량의 북벌은
일부분 성공했으나
전반적으로 보면 실패였다.

주사오허우(朱紹侯)
《중국 고대사(中國古代史)》

위나라에는 촉나라의 공격을 감당해내고도
남을 만큼 충분한 힘이 있었어.

위나라는 황하 유역 전체를
점령하고 있었고 군대는 매우 강했으며,
군사들의 수는 40~50만에 달했고
용기와 전략을 겸비한 인재들이 넘쳐났다.
동서 양쪽으로 전쟁을 치러도
여유가 있을 정도였다.
하지만 촉나라는 1개 주와
적은 수의 약한 병력뿐이었다.

장따커(張大可)《삼국사 연구(三國史研究)》

게다가…
촉나라는 길이 험하고 산이 높아서

그냥 나라 밖으로 나가는 것 자체도
매우 힘들었기 때문에

익주에서 북벌하는 것에는
또 다른 어려움이 있었다⋯
절벽에 만든 길로 인한
어려움이었다.
스녠하이(史念海)
《하산집(河山集)》

식량을 공급하는 것은 더욱 힘들었지.

울퉁불퉁한 산길에서 행군하고
식량을 운반하는 것은
매우 어려운 일이었다.
마즈제(馬植傑)
《제갈량(諸葛亮)》

북벌을 시도하는 것은
사실상 '불가능한 일을 시도하는 것'임을
제갈량도 잘 알고 있었어.

제갈량이 사람을 중히 생각했으나
촉나라 군사들을 자주 출정시켰다.
이는 약소국이 오래 살아남기
힘들다는 것을 알았기 때문이다.
《삼국지(三國志)·등애전(鄧艾傳)》
주석《원자(袁子)》

228년 봄부터…

228년, 제갈량의
첫 번째 북벌이 시작되었다.
그는 10만 대군을 이끌고
기산을 통과해 천수, 남안, 안정
3군에서 전쟁을 일으켰다.
주사오허우(朱紹侯)
《중국 고대사(中國古代史)》

제갈량 고양이는 롱서(隴西) 3군으로
군사를 보냈고,

처음에는 얻었다가 나중에는 잃었으며,

남안, 천수, 안정 3군이
위나라를 배신하고 촉나라에 투항했다.
촉나라는 순조롭게 천수까지 진격했다.
하지만 제갈량이 기산을 점령한 뒤
촉군은 장애물을 만났다…
촉한의 장수 마속(馬謖)은
제갈량의 지시를 따르지 않고
'남산(南山)'을 의지해 저항하면서
성을 점령하지 못했다.'
이에 위나라 장군 장합(張郃)은
수로를 끊어 촉군을 기아와 갈증에
시달리게 했고, 병사들이 약해진 틈을 타
공격해 마속을 대파했다.
장따커(張大可)
《장따커 문집(張大可文集)·삼국사(三國史)》

228년 겨울,
진창(陳倉)을 포위했으나

그해(228년) 겨울,
제갈량은 다시 산관(散關)을 나서
진창을 포위했다.
바이서우이(白壽彝)《중국통사(中國通史)》

오랜 공격에도 무너뜨리지 못했고,

제갈량이 성을 포위한 지
20여 일이 지났으나
함락시키지 못했고,
결국 식량이 모두 떨어져 철수했다.
장따커(張大可)《삼국사 연구(三國史硏究)》

229년 봄,
무도(武都), 음평(陰平)을 공격해

건흥 7년(229년) 봄,
제갈량은 촉나라 장수 진식(陳式)을 보내
무도와 음평을 공격하게 했다.
바이서우이(白壽彝)《중국통사(中國通史)》

공격을 최선의 수비로 삼은 제갈량

그 두 개 군만 얻었어.

무도, 음평
두 군을 점령했다.
바이서우이(白壽彝)
《중국통사(中國通史)》

231년 봄,
기산을 포위했으나

건흥 9년(231년) 봄 2월,
제갈량은 다시 기산을 통과했다.
바이서우이(白壽彝)
《중국통사(中國通史)》

역시나 수확은 미미했지.

제갈량은
식량이 떨어져
철수했다.
바이서우이(白壽彝)
《중국통사(中國通史)》

여러 차례의 북벌에도
별다른 결실이 없었지만,

북벌에 촉나라의
주력군이 사용되었지만,
농산 서쪽 지역조차도
얻지 못했다.
군사과학원(軍事科學院)
《중국 군사 통사(中國軍事通史)》

(제갈량은) 살아있을 때 시도해야
위나라를 조금씩 잠식하다
결국 무너뜨릴 수 있다고 생각했다…
그래서 북벌을 시작했고
끝까지 계속 시도했다.
군사과학원(軍事科學院)
《중국 군사 통사(中國軍事通史)》

제갈량 고양이는 버틸 수밖에 없었어….

그것이 유비 고양이에게 한 약속 때문이든,
자신의 바람 때문이든,

공격을 최선의 수비로 삼은 제갈량

그 고집은 자신의 마지막 북벌 전쟁까지 이어졌지.

제갈량의 북벌은
태화(太和) 2년(228년) 봄에 시작해
청룡(靑龍) 2년(234년)에 끝났다…
제갈량은 한 황실을 부흥시키기 위해
약소국의 신분으로 전력을 다해
강대국을 먼저 공격했다.

군사과학원(軍事科學院)
《중국 군사 통사(中國軍事通史)》

그는 결국 오장원(五丈原) 전투 중
병으로 세상을 떠났어….

그해(234년) 8월, 제갈량은
그동안 쌓인 피로가 병이 되었고,
다시는 일어나지 못했다.

바이서우이(白壽彝)
《중국통사(中國通史)》

향년 54세였지.

…제갈량이
오장원 전투 중에
병으로 죽었다.
향년 54세였다.

바이서우이(白壽彝)
《중국통사(中國通史)》

제갈량은 일생을 바치고도
북으로 중원을 평정하지는 못했으나…

제갈량의 북벌은
'한 황실을 부흥시키고
옛 수도를 되찾는' 목적을
달성하지 못했다.
주사오허우(朱紹侯)
《제갈량의 남정북벌에 대한 평가
(對諸葛亮南征北伐的評價)》

촉한 정권을 안정적으로 지켜냈어.

한 개의 주밖에 없었던 약국 촉나라가
자신의 몇 배가 넘는 위나라에 맞서면서도

약한 국력으로 강대국인
위나라에 맞섰다…
주사오허우(朱紹侯)
《제갈량의 남정북벌에 대한 평가
(對諸葛亮南征北伐的評價)》

국내 경제를 계속 발전시킨 것은
정말 쉽지 않은 일이었지.

… 계속 국내 정치를 안정시키고
경제 발전을 이룰 수 있었다…
그래서 북벌을 '공격을 최선의
수비로 삼는' 측면에서 보면
제갈량이 승리했다고 볼 수 있다.

주사오허우(朱紹侯)
《제갈량의 남정북벌에 대한 평가
(對諸葛亮南征北伐的評價)》

그가 삼국 시대의 영웅 중
하나인 것은 분명한 사실이야.

단순히 승패로만 영웅을 논할 수 없고,
제갈량의 북벌이 설정한 목표를
달성하지 못했다고 해서
제갈량의 군사적 재능과
촉한의 통일을 위해 혼신의 노력을
다했던 그의 정신을 무시할 수는 없다.

바이서우이(白壽彝)《중국통사(中國通史)》

제갈량 고양이의 죽음은
촉한의 큰 별이 지는 것과도 같았어.

제갈량이 죽었다는 소식이
성도에 도달하자 관리부터 백성까지
모두가 비통해 달려 나가 울었다.
촉한의 북벌 대군이 성도로 돌아온 뒤,
후주는 제갈량의 생전 품행과 덕,
공적을 기리기 위해 제갈량에게
충무후(忠武侯)라는 시호를 내렸다.

바이서우이(白壽彝)《중국통사(中國通史)》

이와 동시에,
위나라 진영에서는 중요한 인물이
역사의 무대로 올라서는 중이었지.

…하내(河內) 온(溫)현
효경(孝敬)리 사람으로,
성은 사마 씨였다.
《진서·제기 제1
(晉書·帝紀第一)》

그는 누구였을까?

이어서 계속

공격을 최선의 수비로 삼은 제갈량

편집자의 말 ◇◇◇◇◇◇◇◇◇◇◇◇◇◇◇◇◇◇◇◇◇◇◇◇◇◇◇◇◇◇◇

북벌이 끝나면서 제갈량의 일생도 마침표를 찍었다. 그는 27세에 하산해 54세에 북벌 전쟁 중 병으로 죽을 때까지 반평생을 '촉한을 일으키기' 위해 사방으로 뛰어다녔고, '촉한을 지키기' 위해 피땀을 흘렸다. 결국은 그 피로가 쌓여 병이 되고 세상을 떠나게 되었다. 그의 재능과 학문, 담력과 식견, 포부, 심지어 후회까지도 단 몇 마디로 요약할 수는 없을 것이다. 한나라 말기 난세 속에서 이렇게 빛나면서도 아쉬움을 품은 인물은 사실 무수히 많았다. 천하를 통일하지 못하고 눈을 감은 패주, 가장 먼저 두각을 드러냈지만 유감스럽게도 병으로 죽은 책략가, '한나라의 부활'을 꿈꿨으나 결국 역사의 수레바퀴를 거스를 수 없었던 지사 등… 그들은 자신의 의지를 관철하고 운명과 한판 승부를 벌이기 위해 '죽을 때까지 자신의 온 힘과 정신을 쏟았다.'

바로 이런 큰 뜻을 품은 영웅들과 감동적인 정신이 있었기에 후대 사람들을 고민하고 앞으로 나아가게 하는 찬란한 삼국 시대가 있을 수 있었다. 승패는 차치하고 경외심을 담아 와룡 선생을 보낸다. 그리고 모든 영웅에게 경의를 표한다.

제갈량 역 – 꽃빵

참고 문헌 : 《삼국지(三國志)》, 《진서(晉書)》, 장따커(張大可) 《장따커 문집(張大可文集)》 · 삼국사(三國史)》 및 《삼국사 연구(三國史研究)》, 판원란(范文瀾) 《중국통사(中國通史)》, 주사오허우(朱紹侯) 《중국 고대사(中國古代史)》 및 《제갈량의 남정북벌에 대한 평가(對諸葛亮南征北伐的評價)》, 군사과학원(軍事科學院) 《중국 군사 통사(中國軍事通史)》, 루위(路遇) 《중국 인구 통사(中國人口通史)》, 왕부지(王夫之) 《독통감론(讀通鑑論)》, 스녠하이(史念海) 《하산집(河山集)》, 마즈제(馬植傑) 《제갈량(諸葛亮)》, 바이서우이(白壽彝) 《중국통사(中國通史)》

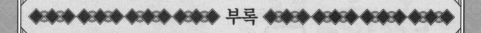

대발명가

북벌 당시, 제갈량은 팔진도[40]를 개혁하고, 한 번에 10개의 활을 쏠 수 있는 연노(連弩)를 발명했으며, 식량을 더 편하게 운반하기 위해 운송차도 개조했어. 명실상부한 발명가라고 할 수 있었지.

폐하, 이것은 신이 어젯밤에 정리한 것입니다. 시행에 나갈 것입니다.

아….

출사표

제갈량은 북벌을 시작하기 전에 유선에게 편지를 썼어. 걱정되는 마음에 그에게 신하들의 말을 잘 듣고 열심히 일하라고 거듭 조언했고, 마지막에는 자신이 중원을 쓸어버리겠다는 결심도 전달했지. 이게 바로 그 유명한 〈출사표〉야.

무후사(武侯祠)

쓰촨(四川)성 청두(成都)시에는 유비와 제갈량을 모시는 무후사가 있어. 이곳은 중국에서 유일하게 군주와 신하를 함께 모시는 사당이지. '물과 물고기' 같았던 두 군신의 우정이 큰 영향을 주었음을 알 수 있어.

무후사

---

40) 팔진도(八陣圖) : 전쟁 시, 여덟 가지 모양의 진법(陣法)을 그린 그림. – 역주.

야옹이들의 프로필

<능력자>　　　　　　　<초능력>

순두부

천칭자리
생일 : 10월 16일
키 : 165cm
잘하는 운동 : 배드민턴
좋아하는 색깔 : 어두운 녹색

(인간 순두부 소개)

207

제 60 장

•

사마의가 조비를 섬기다

사대부는

대대로 학문을 닦아 관직에 나서던
사람들을 말해.

동한의 통치 계급 중에
'사대부' 계급은 방대한 규모의
관료 조직의 뼈대를 구성했다…
그들은 보통 스승으로부터
경전을 배우거나 전국 정치 문화의
중심인 낙양의 태학에서
유학을 하고… 지방 수령,
중앙 실무관을 역임한 뒤
재상 등의 고위 관직에 올라
점차 명문가를 이뤘다.

왕중뤄(王仲犖)
《위진 남북조사(魏晉南北朝史)》

동한 말기의 정치권은 크게 세 개의 세력으로 구성되었는데,

외척, 환관, 그리고 사대부였지.

동한 중후기에
상당히 긴 시간 동안
정계는 줄곧 외척, 환관,
사대부 관료 집단
세 개의 세력에 의해 지배되었다.

위진 문화 연구소(魏晉文化硏究所)
《위진수당 문학예술 사상 연구
(魏晉隋唐文學藝術思想硏究)》

휴… 하지만 동한 말기의 권력 다툼으로 인해

동한 황조가
전제 체제를 강화해…
외척과 환관의 권력 독점과
권력 다툼이 생겨났다.

젠보짠(翦伯贊)
《중국사강요(中國史綱要)》

외척과 환관이 모두 죽었어….

189년… 하태후가 조정을 맡고
하진(何進)(외척)이 조정을 장악했다…
낮은 계급 강호들 중에
가장 강했던 동탁에게 의지해
환관을 죽이려 했다.
하지만 뜻밖에도 환관들이
먼저 들고일어나 하진을 죽였다.
사대부 강호였던 원소가
군사를 일으켜 환관 2,000여 명을
죽이면서 환관을 모두 섬멸했다…
외척과 환관이 모두 사라진 것이다.

판원란(范文瀾)《중국통사(中國通史)》

사마의가 조비를 섬기다

하진과 환관 장양(張讓) 등이
계속 죽임을 당한 뒤
동탁 역시 군을 이끌고 당도했다…
무력으로 조정을 좌지우지했다.

마즈제(馬植傑)《삼국사(三國史)》

서기 190년 관동의 제후들이
동탁을 토벌하기 위해
군사를 일으켰다. 이로써
동한 말기의 군벌 대혼전이
시작되었다. 수많은 군웅이 일어났고
동한의 통치는 붕괴했다.

장따커(張大可)《장따커 문집(張大可文集)·
삼국사(三國史)》

균형이 깨지자
나라가 순식간에 대혼란에 빠졌고,

무장한 군벌들이
땅 쟁탈전을 벌이기 시작했지.

통치 계급의 군벌들은…
황실의 통치권이 흔들리는
틈을 타 군사적으로
권력 쟁탈전을 벌였다.

판원란(范文瀾)
《중국통사간편(中國通史簡編)》

남은 것은 벌벌 떨고 있는 공붓벌레 사대부들이었어….

그때 이후로,
사대부들은 군벌들을 위해 일하기 시작했어.

사대부   군벌

전쟁 시기에 사대부들은
특히 할거된 군벌들에게 의지했다.

마즈제(馬植傑)《삼국사(三國史)》

(사대부는) 계획적으로 이동하거나
주인을 선택해 거했다.

장따커(張大可)
《장따커 문집(張大可文集)·
삼국사(三國史)》

명문가와 명사 모두 공융을
우두머리로 여겼다…
조조는 초야에 있던 공융을 초빙해
장작대장(將作大匠)에 임명했다가
훗날 소부(少府)에 임명했다.

장따커(張大可)
《장따커 문집(張大可文集)·
삼국사(三國史)》

어떤 이들은 사무직원이 되었고,

어떤 이들은 꾀를 써서
일이 잘 이루어지게 하는
모사(謀士)가 되었지.

조조가 연주목을 맡았을 때
순욱이 그를 찾아와 의탁한 첫 번째
명문가 사람이었다… 조조가
순욱을 얻고 중히 여겨
그를 '오지자방[41]'이라고 불렀다.

류춘신(柳春新)《한(漢) 말 진(晉) 초
정치 연구(漢末晉初之際政治硏究)》

"오(吳)군의 명문가 고(顧) 씨,
육(陸) 씨의 장자들은 대대로
높은 자리에 올랐다."…
고옹(顧雍)과 육손으로 대표된다…
결국 동오의 팔과 다리가 되었다.

톈위칭(田餘慶)
《진한위진사 탐구(秦漢魏晉史探微)》

---

41) 오지자방(吾之子房) : 나의 자방이라는 뜻으로, 여기서 자방은 한 고조 유방의 건국 공신 '소하(蕭
何), 장양(張良), 한신(韓信)' 중에서 장량의 자(字)다. – 역주.

하지만 동한 말기 사대부 중에서
하늘의 선택을 받은 고양이가 또 있었으니,

그게 바로 사마의(司馬懿) 고양이야.

한나라 말기의 혼란 속에서
(사마의는) 항상 개탄하며
천하를 걱정했다.
《진서·제기 제1(晉書·帝紀第一)》

그는 사마 씨 집안의 둘째였어.

그(사마의)는
사마방(司馬防)의
둘째 아들이었다.
《진서·제기 제1(晉書·帝紀第一)》

사대부 가문답게 그의 할아버지의
할아버지까지 모두 관직을 지녔고,

사마의는 하내 온현의
유학 명문가 출신으로,
고조부는
정서장군(征西將軍)까지 올랐고,
증조 이하 3대는
태수로 재직했다.
류춘신(柳春新)
《한(漢) 말 진(晉) 초 정치 연구
(漢末晉初之際政治研究)》

그 역시 어려서부터 똑똑하고
아는 것이 많았지.

(사마의는) 어려서부터
남다른 절조를 지녔고,
총명해서 큰 책략들을
많이 가지고 있었으며
박학다식했다.
《진서·제기 제1(晉書·帝紀第一)》

이렇게 좋은 것을 많이 타고났으니
순리대로라면, 그의 미래는 찬란 그 자체여야 했지만,

아쉽게도 그는 동한 말기의
난세를 만난 거야….

> 그(사마의)의 일생은
> 혼란의 삼국 시대와 함께
> 시작하고 함께 끝났다.
> 장따커(張大可)
> 《장따커 문집(張大可文集)·
> 삼국사(三國史)》

동한 말기에 천하를 두고 다투던 군중 중에

> 삼국이 대립하던 지역의
> 규모(세력의 규모) 중…
> 조조의 규모가 가장 컸다.
> 장따커(張大可)
> 《장따커 문집(張大可文集)·
> 삼국사(三國史)》
>
> 위나라는 이후 삼국의 역사에서
> 늘 우세를 점했다.
> 바이서우이(白壽彝)
> 《중국통사(中國通史)》

가장 강력한 힘을 가진 고양이가
바로 조조 고양이였어.

가장 일찍 뜻을 세운 이 중 하나로서

조조 고양이는 인재가 필요했지.

조 씨 문화 회사

구   인

4대 보험 보장
법정 공휴일 휴무
업계 최고 연봉

그래서 그는 능력이 출중했던
사마의 고양이를 점찍었어.

저기…

한 건안 6년(201년),
군(郡)에서 상계연[42]에 추천되었다.
당시 위무제는 한나라
사공이었는데, 이 말을 듣고
(사마의를) 등용하려 했다.

《진서·제기 제1(晉書·帝紀第一)》

---

42) 상계연(上計掾) : 주나 군의 회계 담당 관리. – 역주.

사마의가 조비를 섬기다

하지만… 사마의 고양이는
조조 고양이가 마음에 들지 않았지….

사마의는…
'한나라의 국운이
쇠한 것을 알았지만',
'조 씨에게 절개를 굽히고
싶지 않았고', 관직을 마다했다.
출신 가문과 문화 전통적인 측면에서
조조를 경시했기 때문이다.

류춘신(柳春新)
《한(漢) 말 진(晉) 초 정치 연구
(漢末晉初之際政治研究)》

어떡하지?

조조 고양이는 그를 잡아가버렸어.

조조가 사마의를 등용하려 했으나
사마의가 응하지 않았다.
조조는 문학연[43]으로 다시
등용하려 했고, 사자에게 만약
사마의가 또 거절하면
잡아 올 것을 명했다.

장따커(張大可)
《장따커 문집(張大可文集)·
삼국사(三國史)》

---

43) 문학연(文學掾) : 교육을 담당하는 학관. − 역주.

맞아, 좋은 말로 해서 안 되니까 힘을 쓴 거지.

건안 13년(208년),
조조가 승상이 된 후에
강제적인 방식으로
사마의를 문학연에 등용했다.
바이서우이(白壽彝)
《중국통사(中國通史)》

사마의 고양이는 이렇게 조조 가문과
애증으로 뒤엉킨 삶을 시작하게 되었고,

입사 지원서

좀 써줘.

조 씨 가문에서
조조 고양이부터 총 4명의 주인을 섬겼어.

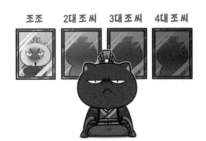

조조 2대 조 씨 3대 조 씨 4대 조 씨

사마의는…
위무제, 문제, 명제, 제왕(齊王) 조방
4대를 모셨다.
장따커(張大可)
《장따커 문집(張大可文集)·삼국사(三國史)》

조조 고양이는 사마의 고양이의 재능을
높게 평가하면서도

위무제가 그(사마의)를
자세히 살피니 영웅호걸의 뜻을
품고 있었다…
《진서·제기 제1(晉書·帝紀第一)》

그에 대해 우려하는 마음이 있었지.

낭고의 상[44]이 있다는 말을 듣고…
(조조는) 이로 인해 태자인
조비에게 말했다.
"사마의는 신하가 될 사람이 아니니
분명 집안일에 끼어들 것이다."
《진서·제기 제1(晉書·帝紀第一)》

사마의 고양이도 계속 이렇게 지낼 순 없었어!

44) 낭고의 상 : 늑대가 뒤를 돌아보는 모습. 신중하고 의심이 많으며 다른 마음을 품는 것을 비유하는
말. – 역주.

그래서 그는 홀로서기에 대해 생각하기 시작했지.

그때 이후로,
그는 자신을 깊이 숨겼어.

사마의는
조조 아래에서 일하며
매사에 신중했고,
근면성실하게 일했다.

바이서우이(白壽彝)

《중국통사(中國通史)》

그는 매일 열심히 일했지만,

그(사마의)는 관리로서
맡은 바에 충실한 나머지
밤에 잠을 잊을 정도였다…

《진서·제기 제1(晉書·帝紀第一)》

자신을 드러내지 않았지.

심지어 말에게 먹이를 주는 일도 직접 했어….

…가축을 기르는 일까지
모두 직접 했다.
《진서·제기 제1(晉書·帝紀第一)》

그것도 12년 동안이나….

…조조가 세상을 떠날 때까지
그(사마의)의 지위는
군 사마(司馬) 이상이 될 수 없었다.
(주석 – 사마의는 서기 208년에
조조의 휘하로 들어와 220년에
조조가 죽을 때까지 12년을 일했다.)

바이서우이(白壽彝)
《중국통사(中國通史)》

그는 최선을 다해
조조 고양이의 비위를 맞췄고,

서기 219년, 손권이 유비와
형주 쟁탈전을 벌일 때,
조조에게 상서를 올려
자신을 신하라 칭하고 칭제를 권하자
사마의는 이를 구실 삼아
조조에게 아첨하며 말했다.
"손권이 자신을 신하라 칭하니 이는
하늘과 사람 모두의 뜻입니다."

장따커(張大可)
《장따커 문집(張大可文集)·삼국사(三國史)》

먼저 나서서 태자의 마음을 사기도 했지.

조조가 위왕에 오른 뒤,
사마의를 태자의 중서자[45]로 삼아
조비를 보좌하게 했다.
사마의와 조비의 관계는
줄곧 매우 좋았다.

바이서우이(白壽彝)《중국통사(中國通史)》

이런 방법으로
사마의 고양이는 점차 조조 가문의 신임을 얻었고,

45) 중서자(中庶子) : 태자의 교육을 담당하는 관리. – 역주.

조조 가문의
두 번째 주인이 나왔을 때부터

건안 25년(220년) 정월,
조조가 죽고 조비가 위왕에 올랐다.
10월, 조비는 한나라를 폐하고
황제에 올라 위문제가 되었고,
국호를 위(魏)라고 했다.

마즈제(馬植傑)《삼국사(三國史)》

사마의 고양이는 중용되기 시작했어.

조비가 칭제하고
사마의의 지위는
점점 요직으로 올라갔다.
상서[46]에서 독군,[47] 어사중승,[48]
무군장군[49]에 이르렀다.

바이서우이(白壽彝)
《중국통사(中國通史)》

최신 앨범
사다 주시는 거
잊지 마세요.

알았다!

하지만… '2대 조 씨'는 몇 년을 버티지 못하고…

---

46) 상서(尚書) : 정무를 관리하는 관리. – 역주.
47) 독군(督軍) : 지방 군정 장관. – 역주.
48) 어사중승(御史中丞) : 관리들을 감찰하는 부서인 어사부(御史府)의 차관급 관리. – 역주..
49) 무군장군(撫軍將軍) : 관할 지역군을 통솔하는 장군. – 역주.

죽었지.

(황초) 7년(226년)… 문제(조비)는 가복전(嘉福殿)에서
세상을 떠났다. 향년 40세였다.
《삼국지(三國志)·문제기(文帝紀)》

황위에 오른 지 6년 만에 죽었다. 향년 40세였다.
마즈제(馬植傑)《삼국사(三國史)》

사마의 고양이는 이어서 '3대 조 씨'도 섬겼어.

서기 226년, 조비가 병으로 죽고, 아들인 조예(曹叡)가 즉위했다.
조예는 즉위하기 전에는 신하들과 관계를 맺지도,
정사에 관여하지도 않았다. 조비는 그의 아들이 국가의 중책을
감당하지 못할까 두려운 마음에 조진(曹眞), 진군(陳郡), 조휴(曹休),
사마의를 지정해 자신의 유언을 받들어
조예가 정사를 돌보는 것을 보좌하게 했다.
왕중뤄(王仲犖)《위진 남북조사(魏晉南北朝史)》

삼조원로[50])로서, 사마의 고양이는 이미
조조 가문에서 가장 신임하는 부하가 되어 있었지.

조예 시대에 사마의는 위나라의
중요한 모신(謀臣)이 되었고,
군권을 장악했으며, 일부 군사적
업무를 독자적으로 주관하는
우두머리였다.
바이서우이(白壽彝)
《중국통사(中國通史)》

동한 말기에서 삼국 대립 구도에 이르기까지

그는 자신의 탁월한 군사적 재능을 바탕으로
조조 가문을 위해 천하를 정벌했어.

그(사마의)는 비범한
책략으로 속으로 판단하고,
뛰어난 계략으로 밖으로 결정해서,
공손연(公孫淵)을 100일 만에 죽이고,
맹달(孟達)을 10일 정도 만에 사로잡았다.
마치 신처럼 군을 움직였다.
《진서·제기 제1(晉書·帝紀第一)》

50) 삼조원로(三朝元老) : 3대에 걸쳐 군주를 모신 중신. – 역주.

동쪽으로는 동오를 막아냈고,

(황초) 6년(225년)…
손권이 강하를 포위했으나…
그(사마의)가 군을 감독해
손권을 토벌해 쫓아냈다.
진격해서 제갈근을 격파하고
장패(臧覇)를 참수했으며
1,000여 개의 수급을 얻었다.
《진서·제기 제1(晉書·帝紀第一)》

서쪽으로는 촉한을 버텨냈지.

서기 231년…
조진이 죽고 사마의는
서쪽 관중으로 병력을 보내
제갈량이 이끄는 촉군의 북벌에
저항했다.
장따커(張大可)
《장따커 문집(張大可文集)·
삼국사(三國史)》

능력도 좋고, 살길도 잘 찾는 고양이였던 거야….

촉나라의 제갈량 고양이는 사마의 고양이에 진을 빼다 죽었고,

못 살겠어,
정말 못 살겠어….

사마의는 제갈량과의 대치 중에, 험한 지세에 의지해
굳게 수비하면서 촉군을 피로하게 하는 방법을 사용했고,
제갈량이 퇴각할 수밖에 없도록 만들었다.
서기 234년 10월, 제갈량이 10만 대군을 이끌고
사곡(斜谷)을 통과해 쳐들어왔다… 사마의는 견고하게 벽을 지키며
밖으로 나오지 않았다… 양쪽 군은 100여 일을 대치했고…
제갈량은 피로 누적으로 병을 얻어 다시는 일어나지 못했다.
장따커(張大可)《장따커 문집(張大可文集)·삼국사(三國史)》

심지어는 '3대 조 씨'도
그보다 오래 살지 못했어.

서기 239년,
조예가 병으로 죽었다.

왕중뤄(王仲犖)
《위진 남북조사(魏晉南北朝史)》

정말 끈질긴 생명력이었지.

보양이
중요해!

사마의는
서기 179년에 태어나
251년에 죽었다. 향년 73세였다.

장따커(張大可)
《장따커 문집(張大可文集)·
삼국사(三國史)》

'4대 조 씨'가 황위에 올랐을 때,

서기 239년에…
위나라 명제가 죽고 아들인
제왕 조방이 즉위했다…
사마의와 대장군 조상(曹爽)에게
함께 다음 황제를 보좌해
정사를 돌보라는 유언을 남겼다.
사마의는 이미 4대를 겪은
원로였다…

장따커(張大可)
《장따커 문집(張大可文集)·
삼국사(三國史)》

사마의는 건안 13년(208년)에
승상 조조에 의해 문학연의
신분으로 정치 무대를 밟았다.
처우루밍(仇鹿鳴)
《위진시대의 정치 권력과 가족 네트워크
(魏晉之際的政治權力與家族網絡)》

(239년에) 명제가 죽고…
태위(太尉) 사마의와 종실의 대신인
조상이 유언을 받고 함께
다음 황제를 보좌해 정사를 돌봤다.
주사오허우(朱紹侯)
《중국 고대사(中國古代史)》

사마의 고양이는 이미 조 씨 가문을
31년째 섬기는 중이었어.

그는 반평생을 들여 조 씨 가문의 신임을 얻었지.

(무제 시대에 사마의는)
감히 맞설 수 없었고…
문제 시대에는 황제를 보좌하며
권력이 커져서 허창에서
소하(蕭何)를 맡고 숭화전에서
곽광(霍光) 때[51]보다
더한 부탁을 받았다…
명제가 죽기 직전에 그를 나라의
대들보와 같은 중신으로 여겼다.
《진서·제기 제1(晉書·帝紀第一)》

의심받던 인생에서
완전한 신뢰를 받는 인생으로,

---

51) 전한의 한무제가 죽기 전에 곽광 등을 불러 아들을 부탁한 일. - 역주.

한 걸음 한 걸음 나아가
결국에는 권력의 중심에 선 거야.

사마의는…
위나라 통치 집단에서
가장 높은 계층에서도
핵심 인물의 자리까지 올랐다.

장따커(張大可)
《장따커 문집(張大可文集)·
삼국사(三國史)》

그렇다면 고작 8세였던 4대 주인을 향한

(조예는) 양자인 조방이
8세밖에 되지 않았을 때
황위를 계승했다.

왕중뤄(王仲犖)
《위진 남북조사(魏晉南北朝史)》

사마의의 '충심'은 계속되었을까?

황제가 사직을 걱정하며
진교(陳矯)에게 물었다.
"사마의의 충정으로 보아
사직을 지킬 신하라고 할 수 있는가?"
진교가 답했다.
"조정의 희망이나 사직에 대해서는
아직 알 수 없습니다."

《삼국지(三國志)·
환이진서위노전(桓二陳徐衛盧傳)》
주석《세어(世語)》

이어서 계속

편집자의 말 ◇◇◇◇◇◇◇◇◇◇◇◇◇◇◇◇◇◇◇◇◇◇◇◇◇◇◇◇

한나라 말기에 나라가 큰 혼란에 빠지자, 명문가 사대부들은 대부분 각자 자신만의 뜻을 품은 채 학식이나 인맥 등을 활용해 할거 세력에 의탁했고, 군벌들이 패업을 이루는 데 중요한 기둥 역할을 했다. 조조 무리를 예로 들면, 서기 191년에 영천의 명사 순욱이 조조에 의탁하면서 현지 지식인들은 그를 따라 대거 조조 휘하로 들어갔다. 순유, 진군, 사마의 등과 같이 남다른 능력이 있었던 이들도 역시 순욱의 추천으로 기용되었다. 이들이 모두 당시에 매우 유명했던 영천 지식인 무리를 구성하는 사람들이었다. 훗날 '천자를 영접한 일'부터 '둔전제 시행', '관도에서 원소를 격파한 일', '위나라 정권 설립' 등에 이들의 공이 없다고 할 수 없다. 조조가 패업을 이뤘던 한 단계 한 단계가 모두 영천 지식인들과 관련이 있다고 말할 수 있다. 하지만 위나라 후기에 이들하게 의존해 군정의 대권을 거의 다 독점하게 했다. 사마의로 예를 들면, 그는 문무를 겸비하고 나아가고 물러남에 있어 정도가 있으며 큰 권세를 가졌다. 이런 중신이 있으니 자연히 정권의 지속에 변수가 되었다…

사마의 역 - 우롱차

조조, 조비 역 - 전병

참고 문헌 : 《삼국지(三國志)》, 《진서(晉書)》, 왕중뤄(王仲犖) 《위진 남북조사(魏晉南北朝史)》, 위진 문화 연구소(魏晉文化研究所) 《위진수당 문학예술 사상 연구(魏晉隋唐文學藝術思想研究)》, 젠보짠(翦伯贊) 《중국사강요(中國史綱要)》, 판원란(范文瀾) 《중국통사(中國通史)》 및 《중국통사 간편(中國通史簡編)》, 마즈제(馬植傑) 《삼국사(三國史)》, 장따커(張大可) 《장따커 문집(張大可文集) · 삼국사(三國史)》, 류춘신(柳春新) 《한(漢) 말 진(晉) 초 정치 연구(漢末晉初之際政治研究)》, 텐위칭(田餘慶) 《진한위진사 탐구(秦漢魏晉史探微)》, 바이서우이(白壽彝) 《중국통사(中國通史)》, 처우루밍(仇鹿鳴) 《위진시대의 정치 권력과 가족 네트워크(魏晉之際的政治權力與家族網絡)》, 주사오허우(朱紹侯) 《중국 고대사(中國古代史)》

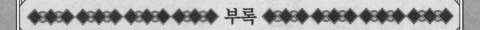
세 마리 말이 한 구유에서 먹이를 먹다

조조는 '세 마리 말이 한 구유에서 먹이를 먹는' 꿈을 꾸었고, 그는 이것이 사마씨 3명이 조조 가문을 무너뜨릴 거라는 계시라고 생각했어. 그래서 사마의의 세력이 커질 것을 우려해 중용하지 못했지.

적군을 굶겨서 쫓아내다

제갈량이 북벌할 때, 사마의가 이를 방어하는 책임을 맡았어. 그는 제갈량에게 식량 부족이라는 치명적인 단점이 있다는 것을 정확하게 짚어 냈고, 회피 전술을 사용했지. 그는 제갈량이 아무리 도발해도 이에 응하지 않았고, 몇 차례나 전쟁을 하지도 않고 이겼어.

사마팔달(司馬八達)

사마의의 형제는 총 8명이었는데, 모든 아들들의 재능이 뛰어났어. 그들은 모두 자(字)에 '달(達)' 자가 들어가 있었는데, 예를 들어 사마의의 자는 중달(仲達)이었지. 그래서 사람들은 그들은 '사마팔달'이라고 불렀어.

야옹이들의 프로필

우롱차 극장

<반짝반짝 빛나>

<아…>

우롱차 요리에는 마법 같은 힘이 있다.

아… 이건 정말…

너무 맛있어서 포로로 만들 수 있고…

아… 이건 정말…

엣!

어? 정전 인가?

아… 이건 정말…

괜찮아, 내가 새로운 요리를 만들었어!

이, 이건?!

너무 맛있어!

움…

우롱차가 만든 음식

우롱차

게자리
생일 : 7월 11일
키 : 180cm
잘하는 운동 : 장기
좋아하는 색깔 : 검정색

(인간 우롱차 소개)

제 61 장

●

사마의의 정시지변

수십 년의 전쟁 끝에

위나라는 삼국에서 가장 강한 존재가 되었어.

삼국이 대립하던 지역의
규모(세력의 규모) 중…
조조의 규모가 가장 컸다.
장따커(張大可)
《장따커 문집(張大可文集)·
삼국사(三國史)》

하지만 조 씨 가문은 유전자가 문제인지

'1대 조 씨'는 66세에…

죽고,

> 경자일에 왕이
> 낙양에서 세상을 떠나니
> 향년 66세였다.
> 《삼국지(三國志)·
> 무제기(武帝紀)》

'2대 조 씨'는 40세에…

죽고,

정사(丁巳)일, 문제는
가복전(嘉福殿)에서 세상을 떠났다.
향년 40세였다.

《삼국지(三國志)·문제기(文帝紀)》

'3대 조 씨'는 35세에…

조 예

그날 명제는 가복전(嘉福殿)에서
세상을 떠났다. 당시 나이가 36세였다.
배송지(裵松之) 주석 – 위무제가 건안
9년 8월에 업성을 평정했을 때,
문제가 왕비 견후(甄后)를 처음으로
맞아들였기 때문에 명제는
건안 10년생이어야 하고,
그해 정월까지를 계산하면 34세가 된다.
당시 역법이 새로 반포되어,
전년 12월이 그해 정월이 되었으므로
35세라고 할 수는 있지만
36세라고는 할 수 없다.

《삼국지(三國志)·명제기(明帝紀)》

죽었지.

'4대 조 씨'가 황위에 오를 때,

그의 나이는 불과 8세였어….

어린 군주 제왕 조방이
즉위할 때,
겨우 8세였다.
바이서우이(白壽彝)
《중국통사(中國通史)》

이번 군주는 나이가 너무 어려서
당연히 대신들의 도움이 필요했지.

그래서 두 고양이가
황제를 보좌하기로 했어.

…대장군 조상,
태위 사마의가
왕의 정치를 보좌했다.
《삼국지(三國志)·
삼소제기(三少帝紀)》

하나는 조조 가문 사람인
조상 고양이였고,

조상은 조진의 아들로…
황족의 가까운 친척이었다.
장따커(張大可)
《장따커 문집(張大可文集)·
삼국사(三國史)》

또 하나는 위나라의
세 군주를 모셔 온 '인내심 왕'

명제가 죽기 직전,
나라의 기둥을 맡겼다.
두 군주의 유언을 받았고,
3대를 보좌했다.
《진서·제기 제1(晉書·帝紀第一)》

사마의 고양이였지!

사마의 고양이는
삼조를 모신 '베테랑'으로서

(사마의는) 처음에 조조에게 기용되어
조비 시대에 이르러서는
지위가 점차 높아졌다.
명제 시대에 그는 촉군과의 전쟁을
지휘하는 장군이 되었다.
주사오허우(朱紹侯)
《중국 고대사(中國古代史)》

나라 안에서도 명망이 높았고

238년, 그는 다시 군을 일으켜
요동(遼東)의 공손연을 평정하면서
위나라에서 매우 명망 높은
대신이 되었다.
주사오허우(朱紹侯)
《중국 고대사(中國古代史)》

나라 밖에서 세운 전공도 혁혁했어.

> 사마의는
> 남쪽으로는 맹달을 사로잡고,
> 서쪽으로는 제갈량을 막아냈으며
> 동쪽으로는 공손연을 멸했다.
> 마즈제(馬植傑)《삼국사(三國史)》

그래서 함께 황제를 보좌하던 조상 고양이도…

> 두 사람(조상과 사마의)이
> 막 보좌를 시작했을 때,
> 겉으로는 서로 화목하게 지낼 수 있었다.
> 역사서에 보면 "사마의는
> 조상을 위나라의 폐부(肺腑)로 여겨
> 매번 먼저 추천했고", 조상 역시
> 사마의를 "나이도 많고 직위도 높아
> 항상 아버지처럼 대하며
> 매사 자문하고 감히 멋대로 하려고
> 하지 않았다."
> 마즈제(馬植傑)《삼국사(三國史)》

처음에는 그를 매우 정중하게 대했지.

하지만 시간이 지나니
다툼이 생겼어.

아무리 늦어도
정시(正始) 5년(244년)에는
조상과 사마의의 갈등이
이미 격화되었다.
마즈제(馬植傑) 《삼국사(三國史)》

황족으로서
조상 고양이는 자신이 대권을 쥐고 싶었지만

능력이…
사마의 고양이와
너무 차이가 크게 났지.

당시의 상황은 사마의가 이미
다른 군정 관리들을 다스리는
태위의 자리에 있었다.
경력이나 공적, 명망,
문무 관리들과의 관계 모두
사마의가 조상을 한참 앞섰다.
조상은 본래 무위장군52)이었으나
재상에 오른 것은
황족이라는 이유가 컸다.
마즈제(馬植傑) 《삼국사(三國史)》

52) 무위장군(武衛將軍) : 황실 호위병 장군. – 역주.

그래서 그는 못된 방법을 하나 생각해냈어.

건의를 통해 사마의 고양이에게
한가한 높은 관직을 주어

> 조상의 모사가
> 그를 위해 책략을 내어
> 조상이 나서서 황제에게
> 사마의를 태부[53]로
> 임명해주실 것을 청하게 했다.
>
> 바이서우이(白壽彝)
> 《중국통사(中國通史)》

그가 가진 권력을 빼앗는 것이었지.

> 태부는 한가한 고위 관직이었다.
> 사마의를 태부로 추천한 것은
> 겉으로 보면, 그의 관직을 올려주어
> 자기 위로 두는 것 같지만,
> 사실상 사마의의 권력을
> 뺏는 것이었다.
>
> 바이서우이(白壽彝) 《중국통사(中國通史)》

---

53) 태부(太傅) : 왕을 보좌하는 대신이자 왕의 스승. – 역주.

그렇게 상황은 달라졌어.

조상 고양이는 조정을 장악했고,

경초(景初) 3년(239년)에서
제왕 조방의 정시 말까지 10년간
조상은 군정의 대권을 장악했다.
바이서우이(白壽彝)
《중국통사(中國通史)》

사사건건 사마의를 배척했지.

조상은 자신의 심복 하안(何晏),
등양(鄧颺), 정밀(丁謐), 필궤(畢軌),
이승(李勝), 환범(桓範) 등을 끌어들여
조정을 멋대로 운영했고,
사마 씨 세력을 배척했다.
바이서우이(白壽彝)《중국통사(中國通史)》

자신의 힘을 과시하기 위해,

등양 등이 조상의 명망을
천하에 떨치기 위해
촉을 토벌할 것을 권했고,
조상이 이에 따랐다.
《삼국지(三國志)·
제하후조전(諸夏侯曹傳)》

군사들을 이끌고 나서
먼저 촉나라를 공격하기도 했어.

정시 5년,
조상은 서쪽으로
장안에 도착했고,
6~7만 대군을 이끌고
낙곡(駱谷)으로 들어갔다.
《삼국지(三國志)·제하후조전(諸夏侯曹傳)》

윽… 하마터면 못 돌아올 뻔했지….

낙곡으로 들어가
수백 리를 행군했을 때
적이 산에 의지해 방어하니
진군할 수 없었다. 조상의 군사
참모 양위(楊偉)가 조상에게
형세를 설명하며 급히 퇴각해야 하고
그렇지 않으면 패할 것이라고 말했다.
《삼국지(三國志)·제하후조전(諸夏侯曹傳)》

어쨌든 조상 고양이의 이런 독단적인 행보에
위나라의 국정은 엉망진창이 되어 갔어….

조상은 유언을 저버리고
국법을 어지럽혔다. 안으로는
군주의 의례를 모방하고,
밖으로는 권력을 멋대로 휘둘렀다.
여러 부대를 파괴하고 호위병들을
모두 장악했으며, 요직에는
모두 자신과 가까운 자들만 앉혔다.
호위병 중 오래된 자들은
모두 배척하고, 새로운 사람들을
세워 사사로운 계략을 꾸미려 했다.
그들은 각자 세를 키워 서로
싸웠으며, 날이 갈수록
방자하게 굴었다.
《삼국지(三國志)·제하후조전(諸夏侯曹傳)》

이때 사마의 고양이는

그 김에 아프다는 핑계를 대고
아무것도 하지 않았지!

아…
아파.

쿵!

사마의는 형세를 따져본 뒤
아직 조상과 겨룰 시기가 아니라고
판단해 훗날을 위해 뒤로 물러났다.
병을 핑계로 집에 거하면서
정사에 관여하지 않았다.
바이서우이(白壽彛)《중국통사(中國通史)》

하지만 우리가 알아야 하는 것은
'인내심 왕'이라는 별명이 그냥 생긴 게 아니라는 거야.

사마의는
2명의 계집종에게 곁에서
시중을 들게 했다.
옷을 손에 쥐고 있다가
놓치기도 했다.
그가 또 입을 가리켜
목마르다고 해서 계집종이
죽을 올리자 죽 그릇을
손에 쥐고 먹는데 죽이
모두 흘러내려 가슴팍에 묻었다.
《삼국지(三國志)·
제하후조전(諸夏侯曹傳)》
주석《위말전(魏末傳)》

사마의 고양이의 연기는 정말 감쪽같아서

조상 고양이가 사실을 확인하기 위해
사람을 보내 알아보게 했지만,

조상 등은 이승에게
사마의에게 인사를 고하며,
그의 동태를 살피라고 명했다.
《삼국지(三國志)·
제하후조전(諸夏侯曹傳)》
주석《위말전(魏末傳)》

아무것도 알아내지 못했어….

> 빈틈이 없어…
> 진짜 아픈 거 같은데

> 맞아…

사마의는
병세가 위중한 척하며
쇠약한 모습을 보여주었다.
이승은 이를 알아차리지 못하고
사실이라 믿었다.
《삼국지(三國志)·
제하후조전(諸夏侯曹傳)》

사마의 고양이는
이렇게 아픈 척을 하면서

정시 6년(245년)…
사람들의 눈과 귀를 속이고,
조상의 경계를 늦추기 위해
사마의는 병에 걸린 척하며
정사에 관해 묻지 않았다.
마즈제(馬植傑)《삼국사(三國史)》

남몰래 묵묵히 준비하고 있었지.

사마의는
은밀하게 자기 아들 사마사(司馬師),
사마소(司馬昭)와 조상 세력을
제거할 정변을 계획했다.
마즈제(馬植傑)《삼국사(三國史)》

4년을 죽은 듯이 지내니
조상 고양이도 완전히 긴장이 풀렸어.

조상은…
사마의에 대한 방어를
느슨히 했다.
바이서우이(白壽彝)
《중국통사(中國通史)》

그러던 어느 날,
조상 고양이가 어린 황제와
신하들을 데리고 성묘하러 나갔고,

가평(嘉平) 원년(249년) 정월 초 6일,
위 소제가 명제의 고평릉(高平陵)을
참배하기 위해 떠났다.
조상이 세 아우 중령군(中領軍)
조의(曹羲), 무위장군 조훈(曹訓),
산기상시(散騎常侍) 조언(曹彦)을
모두 데리고 함께 갔다.
마즈제(馬植傑)《삼국사(三國史)》

이것은 사마의 고양이에게 기회였지.

그는 신속하게 군을 집결시킨 뒤

무기고를 점령하고

…사마의 부자는 급히 군을 소집해
무기를 저장하는 무기고를 점령했다.

마즈제(馬植傑) 《삼국사(三國史)》

성문을 봉쇄했어.

성 밖에 있던 조상 고양이와 어린 황제는
졸지에 집에도 못 들어가는 신세가 되었지⋯.

> (사마의는) 영녕궁(永寧宮) 태후
> 곽 씨(조예 처)에게 조상 형제들의
> 지위를 박탈하는 명을 내리게 하고,
> 낙양의 각 성문을 폐쇄했다⋯
> 그의 장자 사마사를 보내 사마군에
> 주둔하며 지원을 준비하도록 했고,
> 자신은 태위 장제(蔣濟)와
> 낙수(洛水) 부교에 주둔하며
> 낙양과 고평릉의 교통을 차단했다.
> 왕중뤄(王仲犖)
> 《위진 남북조사(魏晉南北朝史)》

잠시 심적 갈등이 있었지만
순순히 항복할 수밖에 없었어.

> 시중 허윤(許允)과 상서 진태(陳泰)가
> 조상에게 하루빨리 돌아가
> 벌을 받으라고 설득했다.
> 조상은 허윤과 진태를 사마의에게
> 보내 돌아가 벌을 받고
> 죽음을 청하도록 했고,
> 사마의의 상주문을 왕에게 전했다.
> 《삼국지(三國志)·제하후조전(諸夏侯曹傳)》

이 사건이 바로
역사적으로 유명한 '정시지변(正始之変)'이야.

> 정시 10년(249년) 정월 초 6일,
> 사마의는 황제 조방과
> 대장군 조상이 낙양을 떠나
> 고평릉을 참배하러 간 틈을 타
> 재빠르게 정변을 일으켰다.
> 주석 - 이 사변은 정시 10년 정월에
> 발생해 '정시지변'이라고도 불린다.
> 왕중뤄(王仲犖)
> 《위진 남북조사(魏晉南北朝史)》

정변을 일으킨 뒤,
사마의 고양이는 조 씨 세력을 거의 모두 죽였고,

그래서 (사마의는)
조상, 조의, 조훈, 하안, 등양,
정밀, 필궤, 이승, 장당(張當) 등을
모두 사형시키고,
삼족을 멸했다.
《삼국지(三國志)·
제하후조전(諸夏侯曹傳)》

어린 황제만 꼭두각시로 남겨 두었어.

조상 무리가
모두 사형당한 뒤,
제왕 조방은
사마의를 승상에 봉하고
구석[54]을 내렸다.
바이서우이(白壽彝)
《중국통사(中國通史)》

54) 구석(九錫) : 공을 세운 신하에게 왕이 특별히 내리던 아홉 가지 선물. - 역주.

이는 4대에 걸친 조 씨 정권이 공식적으로
사마 씨의 손에 떨어졌다는 것을 의미했지.

사마의가 거절하며
받지 않았으나
이때 이후로
위나라 군정의 대권은
모두 사마 씨의
수중에 떨어졌다.
바이서우이(白壽彝)
《중국통사(中國通史)》

하지만, 분열과 전쟁의 시대에는

내부의 아주 작은 동요도
치명적인 틈을 만들 수 있는 법.

삼국이 대립하던 국면에서
한 곳에서 내정에 큰 변화가 생기면
이는 삼국 안에서 연쇄 반응을
일으킬 수 있었다.
처우루밍(仇鹿鳴)
《위진시대의 정치 권력과
가족 네트워크
(魏晉之際的政治權力與家族網絡)》

사마 씨의 등장은 필연적으로
새로운 변화를 일으켰고,

위나라 내부에 분쟁이 일어나자
적들이 빠르게 눈독을 들이기
시작했다.
처우루밍(仇鹿鳴)
《위진시대의 정치 권력과 가족 네트워크
(魏晉之際的政治權力與家族網絡)》

결국 삼국의 균형이
흔들리기 시작했어.

전체적인 역사의 흐름으로 보면,
사마 씨 무리가 힘을 얻으면서
삼국 통일은 가속화되었다.
장따커(張大可)
《장따커 문집(張大可文集)·
삼국사(三國史)》

위나라의 라이벌이었던
서쪽의 촉한 정권은 또 어떤 영향을 받았을까?

이어서 계속

편집자의 말 ◇◇◇◇◇◇◇◇◇◇◇◇◇◇◇◇◇◇◇◇◇◇◇◇◇◇◇◇◇◇◇◇

정시지변은 사마의가 위나라에서의 자신의 권력을 되찾기 위해 벌인 정변이다. 황제가 사람들을 이끌고 고평릉을 참배하러 간 것을 기회 삼았기 때문에 이 사건은 '고평릉 사변'이라고 불리기도 한다.

고평릉 사변은 위나라 내정 구조뿐만 아니라 삼국 대립 국면에서 영향을 끼쳤다. 당시 위, 촉, 오 삼국의 상황이 매우 달랐다. 촉, 오 양국은 모두 내리막길을 걷고 있었다. 촉한은 장기간에 걸친 정벌로 내부의 소모가 심각하고 인재가 메마른 상태라 한발 뒤로 물러나 국내의 안정을 유지해야 했고, 동오 황제 손권은 이미 말년(67세)에 접어든 반면, 후계자는 조정을 장악할 힘이 없는데 조정 내에는 세력이 강한 신하가 있어 갈등이 끊이지 않았다. 비교해보면 권력을 되찾은 후 공을 세워 민심을 수습하는 것이 급선무였기 때문에 사마 씨는 나라를 잘 다스릴 방법을 강구해 위나라를 질서 정연하게 다스려 갈수록 강성하게 만들었다. 이렇게 삼국의 국력 차이가 벌어졌고, 대립 국면도 깨졌다. 운명의 저울은 결국 어느 쪽으로 기울었을까?

사마의 역 - 우롱차

참고 문헌 : 《삼국지(三國志)》, 《진서(晉書)》, 장따커(張大可) 《장따커 문집(張大可文集)·삼국사(三國史)》, 바이서우이(白壽彝) 《중국통사(中國通史)》, 주사오허우(朱紹侯) 《중국 고대사(中國古代史)》, 마즈제(馬植傑) 《삼국사(三國史)》, 왕중뤄(王仲犖) 《위진 남북조사(魏晉南北朝史)》, 처우루밍(仇鹿鳴) 《위진시대의 정치 권력과 가족 네트워크(魏晉之際的政治權力與家族網絡)》

꾀병으로는 연기대상

사마의는 곤란한 일이 생기면 바로 아픈 척을 했어. 조조를 위해 일하고 싶지 않았을 때도, 배척을 당해 '파업'한 것처럼 꾸밀 때도 아픈 척을 했지. 정말 꾀병으로는 연기대상이었어.

노익장

사마의가 정변을 일으킬 때, 그는 이미 70세 노인이었어. 하지만 이 나이는 그가 직접 말을 타고 군사들을 끌고 나가 성문을 봉쇄하고, 조상을 속수무책으로 만드는 데 아무런 상관이 없었지.

공물 횡령

조상은 정권을 잡은 후, 궁에 있던 황제의 악기나 무기를 자기 집으로 가져가 쌓아두고 형제들을 불러 술을 마시며 함께 누리는 것을 좋아했어.

야옹이들의 프로필

<딱밤 맞기>

<여보세요, 112죠?>

260

튀긴 꽈배기

사수자리
생일 : 12월 5일
키 : 185cm
잘하는 운동 : 익스트림 스포츠
좋아하는 색깔 : 오렌지색

(인간 튀긴 꽈배기 소개)

동지

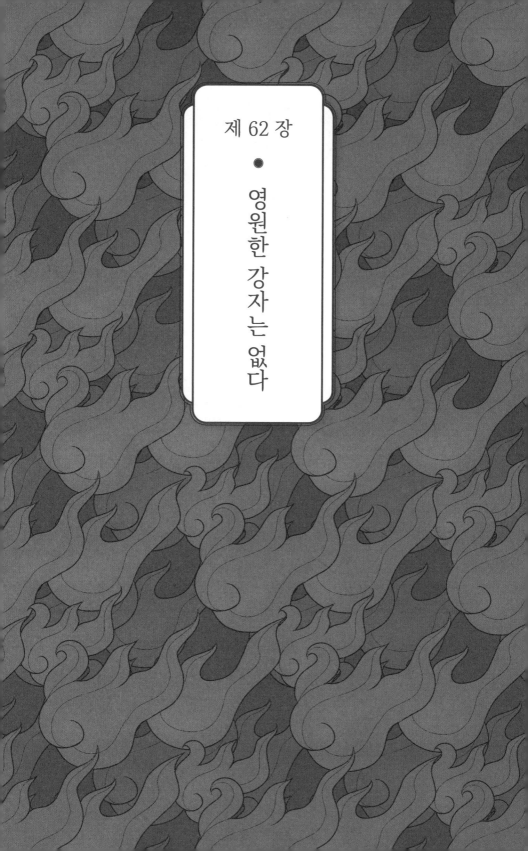

제 62 장

●

영원한 강자는 없다

제갈량 고양이가 세상을 떠나면서

촉한 정권은 내리막길을 걷기 시작했어.

제갈량이 죽은 뒤…
촉한 정권은 점차 망가졌다.
마즈제(馬植傑)《삼국사(三國史)》

정리해보면,
황제는 무능하고

촉한의 후주 유선은
평범한 재능을 가졌다….
바이서우이(白壽彝)
《중국통사(中國通史)》

현명한 신하들은 모두 죽었으며

제갈량이 죽은 뒤,
궁과 각 부서들의 일은 장완(蔣琬),
비의(費禕), 동윤(董允) 세 사람이
함께 관장했다…
246년, 동윤과 장완이 병으로 죽었다.
마즈제(馬植傑)《삼국사(三國史)》

연희(延熙) 16년(253년),
새해 초에 큰 모임이 있었다…
(비의는) 곽수(郭脩)의 칼에 해를 입었다.
《삼국지(三國志)·장완비의강유전
(蔣琬費禕姜維傳)》

환관이 정권을 휘두르고 있었지.

(유선은) 환관 황호(黃皓)를 믿었고,
정치에 우매했다.
바이서우이(白壽彝)
《중국통사(中國通史)》

윽….
아무튼… 좀 엉망인 상태였어….

이런 상황에서도
여전히 한을 부활시키려는
굳건한 고양이가 있었으니

제갈량이 죽은 뒤,
촉나라에서 감히 북벌해
위나라를 삼키려는 의지가
남아 있는 자는… 하나뿐이었다.
장따커(張大可)
《장따커 문집(張大可文集)·
삼국사(三國史)》

그가 바로 강유(姜維) 고양이야!

강유는 촉한 후기에
어떤 역경에도 굴하지 않았던
강인한 인물로, 그는 촉한 정권을
10여 년간 유지했다.
장따커(張大可)
《장따커 문집(張大可文集)·
삼국사(三國史)》

촉한의 마지막 기둥이었던 강유 고양이는

문무를 모두 갖췄지만

(강유는)
정현[55]의 학문을 좋아했다…
군사에 매우 기민하고,
담력을 갖추고 이치에 밝으며
용병술을 깊이 이해하고 있었다.

《삼국지(三國志)·
장완비의강유전(蔣琬費禕姜維傳)》

안타깝게도… 운이 나빴어….

제갈량 고양이가
북벌 전쟁을 했던 것 기억하지?

서기 228년부터 234년까지
7년간, 제갈량은 다섯 차례
위나라 정벌을 감행했다.

장따커(張大可)
《장따커 문집(張大可文集)·
삼국사(三國史)》

공명

공명

---

55) 정현(鄭玄) : 중국 후한 말기의 대표적 유학자. – 역주.

강유 고양이는
원래 위나라 쪽 사람이었어.

강유는…
원래 위나라 천수(天水)군에서
군 생활을 했다.
장따커(張大可)
《장따커 문집(張大可文集)·
삼국사(三國史)》

당시 제갈량 군이 도착했을 때,

건흥 6년(228년),
승상 제갈량이
기산으로 향했다.
《삼국지(三國志)·장완비의강유전
(蔣琬費褘姜維傳)》

위나라 삼군(三郡)의 수장은 놀란 마음에 급히 성문을 잠갔어.

우리 강유 고양이는 외부를 순찰하고

당시 천수 태수는 때마침
밖을 순찰하고 있었고
강유, 공조(功曹) 양서(梁緒), 주부(主簿)
윤상(尹賞), 주기(主記) 양건(梁虔) 등이
수행하고 있었다.
《삼국지(三國志)·장완비의
강유전(蔣琬費褘姜維傳)》

…태수는 촉군이 거의 도달했고
여러 현이 이를 반긴다는
말을 듣고, 강유 등이 모두 다른
마음이 있을 것으로 의심했다. 이에
밤중에 달아나 상규(上邽)현을 지켰다.
강유 등은 태수가 떠난 것을
알아채고 뒤쫓았으나 늦었다.
도착했을 때 성문은
이미 굳게 닫혀 있었다.
《삼국지(三國志)·장완비의
강유전(蔣琬費褘姜維傳)》

막 성으로 돌아왔는데…
반역자 취급을 받게 되었지….

어쩔 수 없이…
강유 고양이는 촉한으로 옮겨갔어.

강유 등은 함께
제갈량에게로 나아갔다.
마속(馬謖)이 가정(街亭)에서 패하자
제갈량이 서현(西縣)의 1,000여 가구와
강유 등을 뽑아서 돌아갔다.
제갈량은 강유를 창조연[56]으로 삼고
봉의장군(奉義將軍)으로 임명했으며
당양정후(當陽亭侯)에 봉했다.
《삼국지(三國志)·장완비의
강유전(蔣琬費褘姜維傳)》

---

56) 창조연(倉曹掾) : 창고와 곡식을 관리하는 관원. – 역주.

촉에 투항한 뒤,
강유 고양이는 금방 제갈량 고양이의 눈에 들었고,

제갈량은 강유를 특히 중시했고,
그를 나라의 기둥이 될 재목으로
키우려고 준비했다.

마즈졔(馬植傑) 《삼국사(三國史)》

본인도 제갈량을 스승으로 여겼으며,

강유는 전심으로
제갈량을 본받았다….

군사과학원(軍事科學院)
《중국 군사 통사(中國軍事通史)》

두 사람은 끈끈한 관계를 유지했지.

하지만 안타깝게도 얼마 지나지 않아…
제갈량이 힘들어서 죽어버렸어….

건흥 12년(234년)… 8월,
제갈량의 병이 악화되어
전쟁 중 세상을 떠났다.
바이서우이(白壽彝)
《중국통사(中國通史)》

휴….
정말 재수가 없기도 하지….

제갈량 고양이의 은혜에 보답하기 위해
강유 고양이는 북벌의 중책을 떠맡았는데

너만 믿어….

선생님….

강유는 자신의 재능을 알아봐준
제갈량의 은혜를 느끼고
충성을 다해 제갈량의
유지를 받들어 북벌을 주관했다.
장따커(張大可)
《장따커 문집(張大可文集)·
삼국사(三國史)》

그의 북벌이 성공했느냐?

그건 아니었어….

강유의 북벌은
정시 8년(247년)에 시작해
경원(景元) 3년(262년)에 끝났다.
16년 동안 9번의 전쟁이 있었다 …
크게 한 번 이기고, 작게 두 번 이겼으며,
크게 한 번 지고, 작게 두 번 졌으며,
결과가 없는 경우가 세 번이었다…
촉나라의 제한적인 국력 면에서
이런 전적은 도움이 되지 않았다.
군사과학원(軍事科學院)
《중국 군사 통사(中國軍事通史)》

성공하지 못한 것은 물론,
촉나라는 전쟁할수록 가난해졌지.

강유는 국력 부족에도 불구하고
매해 군을 일으켰다…
촉나라의 제한적인 인력과 물력을
소모했다.
장따커(張大可)
《장따커 문집(張大可文集)·
삼국사(三國史)》

객관적인 면에서 제갈량이 있을 때 촉나라는
군주와 신하가 그래도 한마음이었어.

전방에서 군사적인 부분은
제갈량 고양이가 주관하고,

제갈량은 촉한의 내부 업무를
모두 처리한 뒤에
촉한 후주 건흥 5년(227년)에
군사를 이끌고 북쪽 한중에
주둔했다.

마즈졔(馬植傑)
《삼국사(三國史)》

후방의 경제는
여러 현명한 신하들이 지원했지.

제갈량은 북벌을 나가며
장완을 천거해 군에 합류시키고,
승상부에 남아 군사를 총괄하게 하고,
장예를 장사[57]로 삼아
정무를 총괄하게 했다.

장따커(張大可)
《장따커 문집(張大可文集)·삼국사(三國史)》

---

57) 장사(長史) : 참모. – 역주.

그래서 여러 해 동안의 북벌 전쟁에도
국내 경제는 계속 발전할 수 있었어.

(북벌과 동시에)
국내 정치를 안정시키고
경제를 발전시켰다.

주사오허우(朱紹侯)
《제갈량의 남정북벌에 대한 평가
(對諸葛亮南征北伐的評價)》

하지만 제갈량 고양이가 죽자

황제는 멋대로 굴기 시작했어.

유선은… 제갈량과 같은
좋은 재상을 두어 비교적
안정적으로 통치할 수 있었다.
그러나 훗날 황호 같은 환관을
신임해 아둔한 군주가 되었다.

왕중뤄(王仲犖)
《위진 남북조사(魏晉南北朝史)》

제갈량 시대에 있었던
현명한 신하들도 거의 죽었기 때문에

> 제갈량, 장완, 비의, 동윤
> 4명의 현명한 신하들이
> 세상을 떠났다.
>
> 군사과학원(軍事科學院)
> 《중국 군사 통사(中國軍事通史)》

정권은 환관들의 손에 들어갔지.

> 황호가 국사를 조종하고…
> 기회를 노려 이익을 좇는
> 사대부들이 황호를 따랐다.
>
> 마즈제(馬植傑)《삼국사(三國史)》

이런 나라에 무슨 전투력이 있겠어?

강유 고양이만 전장에서 전쟁을 치를 뿐…

서기 253년,
비의가 죽고 나자
강유가 정무를 주관했고,
수만 대군을 이끌고
위나라를 공격했다.

장따커(張大可)
《장따커 문집(張大可文集)·
삼국사(三國史)》

국내 생산은 아무도 돌보지 않았지.

강유가 해마다 출정했고,
촉한 정권 내부 갈등은 격화되었다.
제갈량이 정권을 잡았을 때처럼
후방에서 충분한 식량과 병사들을
전방에 지원할 수 없었다.
그래서 군의 전투력이
크게 쇠약해졌다.

왕중뤄(王仲犖)
《위진 남북조사(魏晉南北朝史)》

아홉 번의 북벌 전쟁을 치르고 나니

촉나라 백성들은 너무 짠해서
못 봐줄 정도가 되었어….

배고파….

강유가 북벌을 주관하면서
군사들을 대거 불러 모은 것이
아홉 번이었다… 해마다
군을 일으키니 촉한 후기에
병사들은 지치고
백성들은 곤궁해졌다.

장따커(張大可)
《장따커 문집(張大可文集)·
삼국사(三國史)》

옛말에
감 중에서도 무른 것을 골라잡는다는 말이 있는데,

당시의 촉나라는 무르다 못해
거의 '썩은' 감이었지.

위나라 감로(甘露) 2년(257년)부터…
형세는 위나라에 특히 유리해지고
촉나라에는 매우 불리해졌다…
촉나라의 정치, 경제, 군사
모든 것에 심각한 문제가 있었고,
건국 이래 가장 쇠약한 시기였다.

군사과학원(軍事科學院)
《중국 군사 통사(中國軍事通史)》

여태껏 수동적으로 방어만 하던 위나라에

드디어 촉나라를
토벌할 수 있는 기회가 온 거야.

총 18만 명의 위나라군이
세 갈래로 나눠 돌진해왔어.

그러자 (사마소는) 등애,
제갈서(諸葛緒), 종회(鍾會)에게
18만 대군을 주어 세 갈래로
촉을 공격하게 했다.
주사오허우(朱紹侯)
《중국 고대사(中國古代史)》

하지만 강유 고양이에게는

고작 5만뿐이었지….

당시의 전쟁 상황은…
동쪽 한중(종회)에는
위군 10만여 명 대 3만 명이
채 되지 않는 촉군이…
서쪽 음평군(등애, 제갈서)에는
위군 6만여 명 대 강유 5만 명이
대치했다.
군사과학원(軍事科學院)
《중국 군사 통사(中國軍事通史)》

영원한 강자는 없다

이것은 어떻게 해도 안 되는 싸움이잖아!

사안의 심각성을 깨달은 강유 고양이는
급히 중앙에 지원을 요청했어.

강유가 후주에게 글을 올렸다.
"종회가 관중에서 군을 이끌고
진격하려 한다고 하니,
장익(張翼)과 요화(廖化)를
함께 보내 군을 감독하고
양안관구(陽安關口)와
음평교두(陰平橋頭)를
나눠 지키게 해서
미리 방비해야 합니다."
《삼국지(三國志)·
장완비의강유전(蔣琬費禕姜維傳)》

하지만 그때 황제는

황호가 적들이 결국에는
쳐들어오지 않을 거라는
신들린 무당의 말을
후주에게 전하고, 그 일을
공론화하는 것을 그만두게 하니
신하들은 그 일에 대해
알지 못했다.
《삼국지(三國志)·
장완비의강유전(蔣琬費禕姜維傳)》

전혀 귀담아듣지 않았지….

강유 고양이는 국경에서
죽어라 버틸 수밖에 없었어.

종회가 한중으로
진군해 들어오는 동시에
등애군은 빠른 속도로 답중(沓中)에 이르러
강유 진영을 공격했다. 강유는 한중이
함락된 것을 알고, 음평으로 퇴각해
검각을 지켰다. 이때 제갈서는 이미
교두에 도착해 퇴로를 끊었다.
강유는 측면 뒤쪽 공함곡(孔函谷)에서
위군의 후방을 쳤다. 제갈서는 다시 돌아와
지원했고, 강유도 군을 돌려 교두를 취하고
검문관(劍門關)으로 향했다.
강유가 음평까지 퇴각했다…
마침 종회가 먼저 검각까지
한걸음에 달려왔다.

장따커(張大可) 《장따커 문집(張大可文集)·
삼국사(三國史)》

하지만… 황제는 여전히
안에서 놀고먹고 있었지.

유선과 황호 등은
온종일 궁에서 주색에 빠져
방탕하게 생활했고,
정치는 이렇게 부패했다.
장따커(張大可)
《장따커 문집(張大可文集)·
삼국사(三國史)》

이런데 나라가 어떻게 안 망하겠어….

능력 있는 장수였던 강유 고양이는
결국, 전방에서 대군을 막아냈지만

강유는 험한 지형을 믿고
굳게 수비했고, 종회의 10여만
군사를 막아내며 서로 대치한 지
한 달이 넘도록 결판이 나지 않았다.
위군은 식량과 급료를 받지 못해
종회는 군을 철수시켜 휴식하며
정비하고 싶었다.
장따커(張大可)
《장따커 문집(張大可文集)·
삼국사(三國史)》

위군은… 우회해 들어가
수도를 포위했지.

서쪽에 등애군은 농산에서 음평까지
간단하게 길을 내고 사람이 살지 않는
지역 700여 리를 행군한 뒤,
강유(江油), 부성(涪城), 면죽(綿竹)을
연달아 공격하면서 성도로 진격했다.

주사오허우(朱紹侯)
《중국 고대사(中國古代史)》

수도로 밀고 들어온 위군에게 황제는
저항할 생각도 하지 않고 투항했어.

흥분하지 마…
항복했잖아…

촉나라 사람들이 예상 못할 때
위군이 쳐들어왔고, 촉은 성을 수비하는
인력도 배치하지 않아 등애는 평지까지 들어왔다.
백성들이 소동을 일으켜
산과 들로 뛰쳐나가는 것을 막을 자가 없었다.

마즈제(馬植傑) 《삼국사(三國史)》

광록대부(光祿大夫) 초주(譙周)는 후주에게
투항을 권했고, 후주는… 초주의 말을 따라
등애에게 투항했다.

바이서우이(白壽彝) 《중국통사(中國通史)》

촉한은 정권이 세워진 지 43년 만에
공식적으로 멸망한 거야.

서기 263년… 촉나라가 망했다.
나라를 세운 지 43년 만이었다.

왕중뤄(王仲犖)
《위진 남북조사(魏晉南北朝史)》

후기의 촉나라 정권은
극도로 부패해

(촉나라) 위로는
우매한 군주 후주가 있었고,
아래로는 권력을 독점한
환관 황호가 있었다. 신하들은 그저
죄를 사면받는 것과 자신을
의탁하는 것만을 바랐다.
온 나라가 혼란에 빠졌고
정치는 날이 갈수록 부패했다.
군사과학원(軍事科學院)
《중국 군사 통사(中國軍事通史)》

수년간 쌓아 올린 국력은 바닥난 상태였고,

촉나라가 멸망한 주된 이유는
정치가 부패하고 백성들은
말로 할 수 없을 만큼 궁핍하며
국력을 허비했기 때문이다.
군사과학원(軍事科學院)
《중국 군사 통사(中國軍事通史)》

백성들은 밥도 제대로
먹지 못하는 상황이었어.

(촉한의) 들판을 지나 보니
백성들이 모두 굶주려
얼굴이 누렇게 떴다.
《자치통감(資治通鑑)·한기(漢紀) 77》

전쟁 싫어….

배고파….

그러니 강유 고양이가 아무리 노력해도
사실 되돌릴 방법이 없었던 거지.

촉의 멸망은 삼국의 대립 국면이
끝났다는 것을 의미하기도 했어.

위나라가 촉나라를 멸한 전쟁은
위나라 경원 4년(263년)
8월에 시작되어 11월에 끝났다…
이 전쟁은 삼국 시대 후기에 큰
의미가 있는 중대한 전쟁이었다.
이 전쟁이 삼국의 대립 국면을 끝냈다.
군사과학원(軍事科學院)
《중국 군사 통사(中國軍事通史)》

그렇다면
동남쪽에서 안주하고 있던 오나라는
또 어떻게 되었을까?

순망치한, 촉한이 멸망하면서
오나라도 강남에서
오래 안주할 수 없게 되었다.
장따커(張大可)
《장따커 문집(張大可文集)·
삼국사(三國史)》

이어서 계속

편집자의 말 ◇◇◇◇◇◇◇◇◇◇◇◇◇◇◇◇◇◇◇◇◇◇◇◇◇◇◇◇

촉한은 유비가 214년에 촉에 들어와 7년간 애써 세우고, 제갈량이 10여 년 동안 경영하고 지켜 결국 난세 중 삼국의 한자리를 얻었다. 하지만 263년 사마 씨가 군대를 이끌고 남하해 반년도 되지 않아 촉한을 손에 넣었으니 탄식이 절로 나온다.

왜 촉한은 그렇게 빠르게 멸망의 최후를 맞았을까? 역사학계에서도 이런저런 이야기가 많다. 어떤 사람은 촉한의 경제력과 군사력이 세 나라 중에서 가장 약하고, 전쟁으로 너무 많이 소모되어서 당연히 위나라 대군의 공격을 막아내기 힘들었을 것이라고 한다. 또 어떤 사람은 촉한이 인재의 힘과 '한나라를 부흥시킨다'라는 신념으로 일으킨 나라인데, 후기에는 인재의 씨가 마르고 전쟁으로 백성들이 굶주리고 궁핍해져 한나라보다는 안위를 생각하게 되니 근간을 잃은 정부가 계속 유지되기란 당연히 매우 어려웠을 것이라고 말한다.

어찌 되었든 간에, 촉한의 많은 영웅은 이미 사람들에게 기억되었고, 그 여정 역시 역사의 긴 여정에 새겨져 있어 후대 사람들에게 깨달음과 평론을 끌어내고 있다는 것은 분명한 사실이다.

제갈량 역 – 꽃빵

강유 역 – 만두

참고 문헌 : 《삼국지(三國志)》, 《자치통감(資治通鑑)》, 마즈제(馬植傑) 《삼국사(三國史)》, 바이서우이(白壽彝) 《중국통사(中國通史)》, 장따커(張大可) 《장따커 문집(張大可文集)》 · 삼국사(三國史)》, 군사과학원(軍事科學院) 《중국 군사 통사(中國軍事通史)》, 왕중뤄(王仲犖) 《위진남북조사(魏晉南北朝史)》, 주사오허우(朱紹侯) 《제갈량의 남정북벌에 대한 평가(對諸葛亮南征北伐的評價)》 및 《중국 고대사(中國古代史)》

남의 손에 피를 묻히다

촉한이 투항한 것이 못마땅했던 강유는 거짓으로 위군에 투항한 뒤 은밀하게 위군의 수장을 선동했고, 그의 손을 빌려 위군의 대장군을 죽이기도 했어.

무간도[58]

무슨 말이야….

절반도 배우지 못했는데

제갈량은 강유를 매우 마음에 들어 해서, 자신이 평생 쌓은 군사적 능력을 모두 전수해주려고 했어. 하지만 이를 다 전수하지 못하고 세상을 떠나게 되었지. 그래서 강유는 아직 배움을 다하지 못한 채 북벌 사업을 계승할 수밖에 없었어.

문무를 겸비한 인재

강유는 문무를 겸비한 인재였어. 무예 실력도 뛰어나고 글도 잘 썼지. 그가 쓴 《포원별전(蒲元別傳)》은 후대에 위진 소설계에 대대로 내려오는 명작이라는 평가를 받고 있어.

유능

---

58) 무간도 : 2003년 개봉된 홍콩 영화. 경찰의 스파이가 된 범죄 조직원과 범죄 조직의 스파이가 된 경찰의 이야기. - 역주.

야옹이들의 프로필

<야외 그림 그리기>

<어디 간 거야>

만두

전갈자리
생일 : 10월 31일
키 : 168cm
잘하는 운동 : 태권도
좋아하는 색깔 : 핑크 보라색

(인간 만두 소개)

289

제 63 장

●

사마염, 진(晉)나라를 세우다

촉한의 멸망은

삼국의 대립 국면의 붕괴를 의미했어.

> 위나라가 촉나라를 멸한 전쟁은…
> 삼국의 대립 국면을 끝냈다.
> 군사과학원(軍事科學院)
> 《중국 군사 통사(中國軍事通史)》

촉을 삼킨 위나라는
명실상부한 '초강대국'이 되었지.

> 위나라는 이때부터
> 장강의 상류를 점령했고…
> 천하 통일을 위한 기초를
> 한층 더 다졌다.
> 군사과학원(軍事科學院)
> 《중국 군사 통사(中國軍事通史)》
>
> 위나라는 정치, 경제, 군사
> 각 방면에서 압도적인
> 우세를 점했다.
> 장따커(張大可)
> 《장따커 문집(張大可文集)·
> 삼국사(三國史)》

하지만
이는 위나라 정권의 종말을 알리는
종소리가 되기도 했어.

경원 3년(262년) 봄,
사마소가 세 갈래로 군사를 보내
촉나라를 공격했다.
승전보가 잇달아 들려오자
사마소는 위나라 자립을 위한
준비 작업에 박차를 가했다.

바이서우이(白壽彝)
《중국통사(中國通史)》

오랜 기간 거침없이 달려오던 조 씨 일가가

당시에는 더 이상
국정을 장악할 능력이 없었거든.

사마의가 조상을 죽이고 나서
위나라의 대권은
사마 씨에게로 돌아갔다.
또한, 사마 씨 부자는 반대파들의
각종 반란 활동들을 진압해
그 권세가 더욱 세졌다.
특히 사마소가 권력을 잡았을 때는
관리들의 임용을 모두
혼자서 결정했다.

마즈제(馬植傑)《삼국사(三國史)》

이런 조 씨를 대신한 것이
평생 그들을 보좌했던 사마 씨였어.

사마의와 자손들은
위나라 정권을 장악하게 했던
조건을 잘 활용해 측근을 양성하고,
다른 사람들을 공격해
위나라 황실의 힘을 약화시켰고,
사마 씨 가문의 독단적인 통치를
견고하게 시행했다.

류춘신(柳春新)
《한(漢) 말 진(晉) 초 정치 권력
(漢末晉初之際政治權力)》

3명의 황제를 모시면서 다진
그들의 기반은 이미 매우 견고했지.

사마 씨는 꽤 오래
조 씨를 대신했는데,
위나라 정시 10년(249년)에
사마의가 고평릉 정변을 일으킨
때부터 함희(咸熙) 2년(265년)까지
위나라 정권을 통제했다…
3대의 4명을 거쳐
비로소 완성할 수 있었다.

처우루밍(仇鹿鳴)
《위진시대의 정치 권력과 가족 네트워크
(魏晉之際的政治權力與家族網絡)》

게다가 촉나라를 멸한 이 전쟁은
사마 씨가 조 씨를 대신하는 데
정치적인 힘을 더해 주었어.

서기 263년에 사마소가
종회와 등애에게 촉나라를
멸하라는 명을 내렸어.
이는 진나라 건립을 위해
직접적인 기반을 다지는
목적이었다.

장따커(張大可)
《장따커 문집(張大可文集)
·삼국사(三國史)》

그렇게 진(晉)나라가
위나라를 대신하게 된 거야.

촉나라를 멸하고 1년이 지났을 때,
즉 함희 원년(264년)에 사마소는
진(晉)왕에 봉해졌고
구석(九錫)을 받았다.
함희 2년(265년), 사마소는
천자의 깃발을 세우고
자신의 세자를 태자라고 칭했다.
마즈제(馬植傑) 《삼국사(三國史)》

사마 씨의 4대 주인이
공식적으로 조 씨 정권에 마침표를 찍은 거지.

사마소가 촉나라를 멸한 뒤,
황제를 제대로 해보지도 못하고
병으로 죽었다. 265년에
사마소의 아들이… 위나라
원제(元帝)를 압박해 '선위'하게 했다.
주사오허우(朱紹侯)
《중국 고대사(中國古代史)》

그가 바로 진나라의 개국 군주
사마염(司馬炎) 고양이야!

사마염은 조정의 모든
문무 관리들의 거듭된 권유로
공식적으로 황제에 즉위했고,
국호를 진(晉)으로 정했으며
연호를 태시(泰始)로 바꿨다….
바이서우이(白壽彝)
《중국통사(中國通史)》

사마염 고양이가 즉위할 때
그의 나이는 겨우 30세였어.

그해에 사마염은 30세였다.
바이서우이(白壽彝)
《중국통사(中國通史)》

사실
땅은 조상들과 아버지 대에서 일군 것이고,

황위는 친척 공신들이 만든 것이니

사마염이 선위를 받은 것은
사실 위로 선조의 공적을 계승하고,
아래로는 종실의 사촌들과
공신들의 추대를 받아
이루어진 것이었다.
처우루밍(仇鹿鳴)
《위진시대의 정치 권력과 가족 네트워크
(魏晉之際的政治權力與家族網絡)》

제국의 창시자로서

사마염 고양이는…
존재감이 약했지.

이때, 무제(사마염)의 역할은
절대적인 권력을 가진
결정권자가 아니라
서진 정치에서 균형을 잡는
사람 정도였다.
처우루밍(仇鹿鳴)
《위진시대의 정치 권력과 가족 네트워크
(魏晉之際的政治權力與家族網絡)》

당시
진나라는 대부분의 천하를
갖고 있었지만…

당시 서진은 9개 주를
할거하고 있어
천하의 80~90%의 지역을
점령한 셈이었다.
장따커(張大可)
《장따커 문집(張大可文集)·
삼국사(三國史)》

동쪽에는 여전히 오나라가 있었어.

동오는…
촉나라가 망한 뒤
17년 동안 계속 존재했다.
장따커(張大可)
《삼국사 연구(三國史研究)》

통일은
여전히 모두의 목표였지.

나라의 장기적인 분열은
백성들에게 고통을 가져다주었고,
통일은 모두가 바라는 바였다.
장따커(張大可)
《장따커 문집(張大可文集)·
삼국사(三國史)》

삼국에서 유일하게 아직 살아남은 오나라는

이미 3대를 지낸 상태였는데,

동오는 총 51년 동안
3대에 걸쳐 4명의 황제를 거쳤다.
리메이톈(李梅田)
《중국 고대 물질 문화사
(中國古代物質文化史)·
위진남북조(魏晉南北朝)》

당시 오나라의 군주는 폭군이라···

오나라의 마지막 통치자는
손권의 손자 손호였다.
그는 포악해서 많은 이들이
그를 기피했고, 주색에 빠져
방탕한 생활을 했다.
바이서우이(白壽彝)
《중국통사(中國通史)》

손호 때에 손봉(孫奉)(손책의 손자)이
제위에 올라야 한다는 말 때문에
손봉은 죽임을 당했다.
《삼국지(三國志)·손파로토역전(孫破虜討逆傳)》

손호가 즉위하고··· 손화(孫和)와 손패(孫霸)가
옛날에 한 잘못의 죄를 물어 손패의 아들
손기(孫基)와 손일(孫壹)(손권의 손자)의 작위와
봉토를 삭감하고, 조모인 사희(謝姬)와 함께
회계(會稽)군 오상(烏傷縣)현으로 유배시켰다.
손분(孫奮)(손권의 아들)과 상우후(上虞侯)
손봉(孫奉) 중 하나가 즉위해야 한다는
풍문이 돌았다··· 손호가 이 일을 듣고,
손분 모친의 묘지를 청소한 장준(張俊)을
거열형에 처하고 삼족을 멸했으며,
손분과 그의 다섯 아들을 죽였다.
《삼국지(三國志)·오주오자전(吳主五子傳)》

툭하면 친척들을 죽이고

사마염, 진(晉)나라를 세우다

대신들에게도 가혹했어.

손호는 믿는 사람이 적었고,
얼굴 피부 벗기기, 눈알 파내기,
목 베기, 효수하기 등
잔혹한 형을 내려 대신들을 학살했다.
주사오허우(朱紹侯)
《중국 고대사(中國古代史)》

손호의 정치는
극단적으로 부패했다…
백성들이 세금을 내지 못하면
재물을 몰수당했기 때문에
많은 사람이 자식을 팔게 되었다…
'남녀노소 굶주림과
추위에 고통받고,
집마다 굶주림에
얼굴이 누렇게 뜬
사람들이 넘쳐나는'
빈곤한 삶을 살고 있었다.
주사오허우(朱紹侯)
《중국 고대사(中國古代史)》

오나라의 백성들은 그의 통치 아래
말로 다 할 수 없을 만큼 고통을 받았고,

국력도 계속 떨어졌지.

나라에는 1년을 지낼 수 있도록
비축해놓은 것이 없고,
가정에는 몇 달 지낼 수 있을 만큼
쌓아놓은 것이 없는데,
후궁에는 놀고먹는 자가
1만여 명이나 된다.
궁 안에서는 외로움에
볼멘소리 하지만,
궁 밖에서는 소모되는 비용이 있어
곳간이 비어 쓸모가 없어지고
백성들은 굶주림에 거친 음식으로
연명하고 있다.
《삼국지(三國志)·
왕루하위화전(王樓賀韋華傳)》

그럼 진나라는?

먼저 나서서 가혹한 정치를 뿌리 뽑고

(사마염은)
위나라 종실과 한나라 종실에 대한 독군을 없애고, 그들에 대한 금고를 풀어주었다. 위나라 정부가 시행한 지방 장관으로 취임하거나 장병들이 출정할 때 인질을 남기고 가는 법을 없앴다… 새로운 법을 승인하고 반포했다… 이전 황조의 법령보다 다소 완화되었다.

바이서우이(白壽彝)
《중국통사(中國通史)》

(사마염은) 근검절약을 제창했다. 그는 황실 창고에 있던 보석, 오락 용품을 신하들에게 하사하고 남기지 않았다. 또한, 각 군이 황실에 바치는 조공을 삭감하라 명했으며, 악부(樂府)에서 지출 규모가 큰 화려한 공연을 준비하는 것을 금지했다.

바이서우이(白壽彝)
《중국통사(中國通史)》

지위가 높은 사람이 먼저 근검절약해서

사마염, 진(晉)나라를 세우다

백성들이 충분히 농업 경제를
발전시킬 수 있게 해주었어.

서진 조정은
황무지 개간, 수리 시설 제조,
농업 노동력 향상, 감독 증강 등을
통해 농업 생산을 장려했다.

바이서우이(白壽彛)
《중국통사(中國通史)》

심지어 멸망한 촉나라와 위나라의 옛 신하들과도…

진나라는 최대한 연합했지.

인사 측면에서도
사마염은 최대한 옛 원한을
따지지 않고, 위나라 관리 출신인
사람들도 채용했다…
그는 또한 촉한 정부에서 관직을
맡았던 사람도 뽑아 썼다.

바이서우이(白壽彛)
《중국통사(中國通史)》

조정과 백성, 군주와 신하가
한마음 한뜻이 된 거야.

진무제(사마염)는…
사대부들을 회유해 하늘이 정한
귀결점이라는 여론을 얻었다.

장따커(張大可)
《삼국사 연구(三國史硏究)》

이로 인해 이미 대국이었던 진나라는
더욱 부유하고 강력해졌어.

서진 초기에
진무제는 힘써 나라를
잘 다스릴 방법을 강구했다…
(나라에) 번영의 기세가 넘쳐났다.

장따커(張大可)
《장따커 문집(張大可文集)·
삼국사(三國史)》

사마염, 진(晉)나라를 세우다

그리고 그들의 목표는 이제 단 하나…

오나라를 무너뜨리는 거였지!

서진 태시부터 함녕(咸寧)까지…
오나라는 정치가 극단적으로 부패해
병사들과 백성들이 반란을 일으켰다.
(서진에서) 오나라를 멸하기 위해 실제 행동을
취하는 것에 대한 의사 일정이 올라왔다.

군사과학원(軍事科學院)
《중국 군사 통사(中國軍事通史)》

당시 상황에서도
오나라에는 아직 믿을 구석이 있었어.

집 앞에는 장강이 흘러 방어막 역할을 해주고,

수군의 실력도 나쁘지 않았지.

조조가 그 덕에 고생했잖아….

(동한 건안) 13년(208년)…
주유와 정보(程普)는
좌우독(左右督)이 되어
각각 1만 명을 이끌고
유비와 함께 진격했고
적벽에서 조조군을 만나
크게 격파시켰다.

《삼국지(三國志)·
오주전(吳主傳)》

이런 상황에 맞서
진나라는 적극적으로 준비했어.

(사마염은) 양호(羊祜)와
은밀히 모략을 꾸며 양호가
형주에서 오나라를 정벌하기 위한
각종 업무를 처리하게 했다…
(양호는) 오나라를 멸할
효과적인 조치를 취했다.

마즈제(馬植傑) 《삼국사(三國史)》

미친 듯이 식량과 사료를 저장하고

(양호는) 800여 경의 황무지를
개간하게 해서 큰 이익을 얻었다.
양후가 형주에 처음 도착했을 때,
군대에는 100일 치의 식량도 없었으나
그가 주재하며 형주를 지킨 뒤로는
10년 치의 식량과 사료를
저축하게 되었다.

《진서·열전 제4(晉書·列傳第四)》

배를 만들었지.

무제는 오나라를
정벌할 계획을 세우고 왕준(王濬)에게
배를 수리하라고 명했다.
그래서 왕준은 큰 배와 연결된 배를
만들었는데, 사방이 120보 넓이이고
2,000여 명을 태울 수 있었다…
배의 규모는 지금까지
없던 수준이었다.

《진서·열전 제12(晉書·列傳第十二)》

진(晉)이 촉에서 수군을 오래 정비했고,
지금 나라의 힘을 기울여
대군을 일으키고, 만 리에서 힘을 모으니
분명 익주의 모든 이들이
강에 타고 내려올 것이다…
(오나라의) 명장은 모두 죽고
나이가 어린 자들이 그 자리를
맡고 있으니 강가의 여러 성에서
모두 막을 수는 없을 것이다.

《삼국지(三國志)·삼사주전(三嗣主傳)》
주석《간보진기(干寶晉紀)》

그렇게 계속 쫓아가다 보니
오나라의 우세는 점점 약해졌어.

14년간의 준비 끝에

사마염, 진(晉)나라를 세우다

사마염 고양이는 공식적으로 대군을 일으켜
오나라 토벌을 시작했어.

진무제가 즉위(265년)한 뒤,
오나라를 칠 준비에 돌입했다···
형주, 익주 등에서는 장기적으로
충분히 준비했다··· 진무제는
마침내 함녕 5년(279년) 11월에
대군을 일으켜 오나라를 정벌하라는
명을 내렸다.
마즈제(馬植傑)《삼국사(三國史)》

진나라 군대 30만이
여섯 갈래로 나뉘어

서진이 대군을 일으켜
오나라를 정벌할 때 병력을
여섯 갈래로 나눠···
병력이 총 30여 만이었다.
장따커(張大可)
《장따커 문집(張大可文集)·
삼국사(三國史)》

장강을 따라 밀고 내려오니

용양장군(龍驤將軍) 왕준과
광무장군(廣武將軍) 당빈(唐彬)이
파촉 군사를 이끌고
강을 따라 동쪽으로 내려갔다.
장따커(張大可)
《장따커 문집(張大可文集)·
삼국사(三國史)》

오나라 군은 전혀 막을 수가 없었지.

> 여섯 갈래의 대군이 동서 만 리에서 일거에 진격해오고,
> 수로와 육로 모두에서 공격해오니 오군은 어찌 방어해야
> 할지 몰랐고, 머리와 꼬리가 서로 상응할 수 없었다.
> 장따커(張大可) 《장따커 문집(張大可文集)·삼국사(三國史)》

4개월 만에 너무 쉽게
오나라는 끝나버렸어.

> 함녕 5년(279년) 11월,
> 진나라가 오나라를 정벌하려
> 대군을 일으켰다…
> 태강(太康) 원년(280년) 3월,
> 오나라 군주 손호가
> 진나라 장수 왕준에게 투항했다.
> 오나라가 멸망했다.
> 주사오허우(朱紹侯)
> 《중국 고대사(中國古代史)》

이렇게 삼국이 모두 멸망하고

263년… 사마소는…
한나라를 멸했다.
그해(265년), 진무제가
위나라 황제를 폐하고
진 황조를 세웠다.
280년, 진무제가
군사를 일으켜…
오나라를 멸했다.

판원란(范文瀾)
《중국통사(中國通史)》

魏 위 蜀 촉 吳 오

근 100년의 할거 국면은 이렇게 끝이 났지.

晋 진

중국 대륙은 다시 통일되었어.

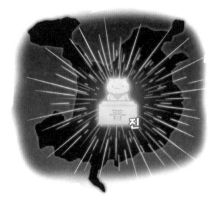

한 헌제 초년부터 시작해
중국은 전란과 분열의 시기를
90여 년간 겪었고,
비로소 통일됨을 알렸다.
푸러청(傅樂成)
《중국통사(中國通史)》

이 시대를 끝낸 진 왕조는

또 어느 방향으로 걸어가게 될까?

진무제가 태강 원년(280년)
오나라를 평정한 후,
'천하'의 통일을 논할 때는
새로운 분위기가 필요하다고 하지만
실제로는 전혀 아니었다…
푸러청(傅樂成)《중국통사(中國通史)》

이어서 계속

편집자의 말 ◇◇◇◇◇◇◇◇◇◇◇◇◇◇◇◇◇◇◇◇◇◇◇◇◇◇◇◇

삼국 시대는 난세였다. 그리고 난세는 영웅호걸을 낳고, 역사를 창조했다. 100년이 채 되지 않은 시간 동안 1,000명에 가까운 뛰어난 인물들이 등장했다. 그들은 각자의 운명을 타고나 각자의 뜻을 품고, 기회를 잡아 자신을 드러냈다. 예를 들어, '밑바닥'에서부터 발버둥 쳐 올라와 영웅이라 불린 패주, 명문가 출신이었지만 원대한 뜻을 펼치기 어려웠던 모사, 전장을 주름잡고 승패 모두가 전설이었던 무장 등이 있었다. 수백 수천 년이 흘렀어도 이 영웅들의 이야기는 여전히 빛을 발하고 있다. 게다가 삼국 시대의 정치 게임과 군사 대결은 더 큰 사상적, 문화적 파동을 일으켰다. 건안 문학[59]의 기개든, 천하통일에 대한 염원이든, 모든 것이 후세에게는 귀중한 역사적 유산이 되었다. 그래서 삼국 시대는 '화려한 암흑시대'(가와카쓰 요시오)라고 할 수 있을 것이다.

사마염 역 – 물만두

참고 문헌 : 《삼국지(三國志)》, 《진서(晉書)》, 군사과학원(軍事科學院) 《중국 군사 통사(中國軍事通史)》, 장따커(張大可) 《장따커 문집(張大可文集)·삼국사(三國史)》 및 《삼국사 연구(三國史研究)》, 바이서우이(白壽彝) 《중국통사(中國通史)》, 마즈제(馬植傑) 《삼국사(三國史)》, 류춘신(柳春新) 《한(漢) 말 진(晉) 초 정치 연구(漢末晉初之際政治研究)》, 처우루밍(仇鹿鳴) 《위진시대의 정치 권력과 가족 네트워크(魏晉之際的政治權力與家族網絡)》, 리메이텐(李梅田) 《중국 고대 물질 문화사(中國古代物質文化史)·위진남북조(魏晉南北朝)》, 주사오허우(朱紹侯) 《중국 고대사(中國古代史)》, 판원란(范文瀾) 《중국통사(中國通史)》, 푸러청(傅樂成) 《중국통사(中國通史)》

59) 건안 문학(建安文學) : 후한 말부터 삼국 시대에 걸쳐 이루어진 문학 활동. – 편집자 주.

솔선수범해서
재산을 나눠 주다

근검절약하는 삶을 전파하기 위해 사마염은 자기의 보석, 골동품 등과 같은 사치품을 모두 대신들에게 나눠주었어. 먼저 모범을 보이기 위해서였지.

병 주고 약 주고

진나라와 오나라가 전쟁할 때, 국경을 지키던 양쪽 장수는 서로 관계가 나쁘지 않았어. 오나라 장수가 아프면 진나라 장수가 좋은 약을 보내주기도 하고, 사이가 좋았지.

옷을 태워 뜻을 밝히다

어떤 대신이 사마염에게 꿩 머리털로 만든 옷을 선물한 적이 있었는데, 사마염은 이렇게 사치스럽고 독특한 옷은 자신이 내세운 근검절약 정책에 맞지 않는다고 생각했고, 바로 태워버렸어.

야옹이들의 프로필

<축구 연습>

그래? 나도 해볼래!

<소름축구>에서 계란으로 축구 연습하더라. 맛있었어.

되게 새로운 느낌이었어. 근데 연습할 때 몸이 금방 더워지더라고.

야됐어? 효과 있어?

다음 날

아니, 기름 범벅이었어

하하, 온몸이 계란으로 범벅됐겠네

아!

<밤이 되었습니다. 눈을 감으세요.>

마피아는 눈을 뜨세요!

밤이 되었습니다. 눈을 감으세요!

마피아 뽑은 사람은 눈을 떠야지!

크킄! 마피아는 눈을 뜨세요!

빨리 눈 떠서 알려줘!

???

누가 마피아야?

그래, 알았어.

흑… 흑…

양자리
생일 : 4월 1일
키 : 177cm
잘하는 운동 : 축구
좋아하는 색깔 : 빨간색

(인간 물만두 소개)

제 64 장

·

은밀한 기류가 용솟음치다

동오의 멸망으로

근 100년의 할거 시대도 끝이 났어.

진무제가 서진을 세운 뒤,
함녕 5년(279년)에 오나라 폭군
손호가 시대의 흐름을 역행하고
정치가 극도의 암흑기를
겪고 있는 틈을 타 대군을 일으켜
오나라를 공격해 멸했다…
동한 말기부터 시작된
기나긴 분열과 할거 국면을
끝냈다.
군사과학원(軍事科學院)
《중국 군사 통사(中國軍事通史)》

진나라는 최종 승리자가 되었지.

동오가 멸망하면서
삼국 대립 국면이 끝난 뒤
오나라와 진나라가 이어오던
대치 상황도 끝났다.
나라가 다시 통일되었다.
바이서우이(白壽彝)
《중국통사(中國通史)》

진나라의 개국 군주로서

사마염 고양이는 25년간의
통치 생활을 시작했어.

진무제가 재위하던 25년이
서진 황조가 상대적으로
안정적이었던 시기였다.
바이서우이(白壽彝)
《중국통사(中國通史)》

천하가 통일되고
새로운 정권이 들어섰으니

오나라를 평정하고
나라를 통일했다… 그(사마염)는
반드시 통일이라는
새로운 국면에 맞게
정책을 조정해야 했다.
류춘신(柳春新)
《한(漢) 말 진(晉) 초 정치 연구
(漢末晉初之際政治研究)》

그는 전국을 19주로 다시 나누고,

태강 원년(280년), 사마염은
전국을 19주로 나누고,
주 아래에는 군과 국
173개를 설치했다.
바이서우이(白壽彝)
《중국통사(中國通史)》

백성들의 수를 기록했지.

인구 조사 나왔습니다.
식구가 몇인가요?

대충….

정부에서 통계 낸 재적 인구는
2,459,840호였다.
바이서우이(白壽彝)
《중국통사(中國通史)》

세금 징수를 위해서…

제때 세금 내는 거
잊지 마세요.

앗!

진나라는 '점전과전제(占田課田制)'를
시행했어.

오나라를 평정하고 나서
사마염은 전국에 점전과전제와
호구 과세 제도를 시행했다.
바이서우이(白壽彝)
《중국통사(中國通史)》

간단하게 설명하자면 개인이 가질 수 있는
최대한의 농지 규모를 정해 놓고

남자 1명이 밭 70묘,
여자 1명이 밭 30묘를
가질 수 있었다.
《진서·지 제16(晉書·志第十六)》

개인이 내야 하는 최저 세금도
정해 놓은 것이었지.

정남[60]은 50묘, 정녀는 20묘,
차정남[61]은 절반에 대한
세금을 내고, 차정녀는
과세하지 않았다.
《진서·지 제16(晉書·志第十六)》

---

60) 정남(丁男) : 16〜60세의 남성. — 역주.
61) 차정남(次丁男) : 13〜15세의 남성. — 역주.

은밀한 기류가 용솟음치다

이러한 정책은
전쟁 후에 백성들이 다시 생산력을
회복할 수 있게 해주었고,

> 점전제는 당시 농업 발전과
> 사회 번영을 적극적으로 촉진했다.
> 기록에 따르면, 280년
> 서진의 가구 수는 246만 호였는데,
> 282년에는 377만 호로 급증했다…
> 대규모의 유목민들이
> 황무지를 개간했다.
>
> 주사오허우(朱紹侯)
> 《중국 고대사(中國古代史)》

정해진 세금만 내면
나머지는 자신이 가질 수 있었기 때문에,

제대로 줘,
알았지?

어…

> 점전과전제를 시행하면서
> 농민들은 각 가구가
> 개별적으로 농사를 지었다.
> 그들의 식량은 세금을 내는
> 양을 제외하면 모두
> 본인 소유가 되었기 때문에
> 사람들의 생산 적극성이 높았다.
>
> 바이서우이(白壽彝)
> 《중국통사(中國通史)》

> 태강 시기에…
> 소와 말을 들에 풀어두었고,
> 남은 곡식은 밭에 두었다.
> 여행자는 초야에 묵고
> 마을은 대문을 잠그지 않았으며
> 백성들은 서로, 마치 친척과 같았다.
> 부족한 것이 있는 사람은
> 길에서 얻을 수 있었다.
> 그래서 그 당시에는 천하에
> 가난한 이가 없다는 말도 있었다.
>
> 《진기·총론(晉紀·總論)》

적어도 굶어 죽을 일은 없었어.

그리고 소유할 수 있는 땅의 규모가 정해져 있다 보니,

많은 토지를 소유한 대지주가
생길 일도 거의 없었지.

그러니까요.

요즘은
부동산 사업을
할 수가 없어!

사마염이 이 제도를 시행했다…
소유할 수 있는 땅의 한계를 정해
개인이 대량으로 토지를
점유하지 못하게 했다.

바이서우이(白壽彝)
《중국통사(中國通史)》

예전 동한의 분열은
대지주 계급이 생겨났기 때문이었어.

동한 중기 이후…
지주들의 힘이 강해지면서
봉건적인 대토지 소유제도가
계속 발전했고, 토지 합병이
격화되어 많은 농민이 땅을 잃었다…
농민들의 봉기가 여기저기서
일어나고 끊이지 않았다.

주사오허우(朱紹侯)
《중국 고대사(中國古代史)》

당시 영제(靈帝)의 정치가 쇠해
병란과 도적이 일어났다.
유언은 "자사(刺史)의 위엄이 가벼워
이를 금하지 못해 사람을
잘못 임용해 난이 더 많이 일어난다.
자사를 목백(牧伯)으로 바꿔
나라를 진정시키고 청렴한
중신을 뽑아 일을 맡기자"라고
건의했다… 주(州)의 일이
중요해진 것은 이때부터였다.

《후한서(後漢書)·
열전 제21(列傳第二十一)》

중앙에서 병권을 내려놓자

지방에서 각자 무장해서 황제를 무시했고
서로 싸움이 일어났지.

주와 군의 수령들은
지역의… 빼앗고,
병권을 확보하고 그 지역과
동한 정권의 통치를 구분 지었다.

군사과학원(軍事科學院)
《중국 군사 통사(中國軍事通史)》

동한 황조가 갈수록 쇠약해지자
군벌들의 할거와 혼전 국면이
나타났다.

주사오허우(朱紹侯)
《중국 고대사(中國古代史)》

사마염 고양이는 이전 황조의 경험을 교훈 삼아

곧장 지방의 군대를 해산시키라는
명령을 내렸고,

사마염은 주와 군의
지방 정부의 군대를
해산 또는 삭감할 것을
명령했다.
바이서우이(白壽彝)
《중국통사(中國通史)》

무제가 천하를 통일하고…
주와 군의 병사들을 해산시켰다…
지방과의 군사적 분권을 끝냈다.
고단샤《중국의 역사5 –
중화의 붕괴와 확장 :
위진남북조(中國的歷史5 –
中華的崩潰與擴大 : 魏晉南北朝)》
진무제 사마염은 황제의 신분으로
직접 진국에 대한 군정 대권을
장악했고, 직접 전군을 이끌고
지휘했다.
군사과학원(軍事科學院)
《중국 군사 통사(中國軍事通史)》

병권을 중앙으로 귀속시켰어.

황권과 통일 국면을 더 굳건하게 다진 거지.

이는 한나라 말기에
주 차사들이 정사를 보고
군권을 가져 생긴 폐해에 대한
개혁으로, '하나의 천하'를 지키고,
다시 '천하가 분열'되는 것을
막기 위한 용도였다.
바이서우이(白壽彝)
《중국통사(中國通史)》

그리고 사대부 관리들에게는
여러 특권을 주었는데

> 명문대가의 땅은
> 한 번도 건드리는 법이 없었다.
> 그뿐만 아니라 경제적, 정치적 특권을
> 일원화하는 원칙하에…
> 관리들은 관직의 높낮이에
> 따라 밭을 소유했다.
>
> 왕중뤄(王仲犖)
> 《위진 남북조사(魏晉南北朝史)》

예를 들면, 세금을 감면해주거나
부역을 면해주는 식이었어

오늘은
어디 가서
놀지?

> 관리는 관직이 높고 낮음에 따라
> 특권을 누리는 친족이 많게는 9족,
> 적게는 3족에 이르렀다…
> 특권을 가진 사람들은
> 세금과 부역을 면했다.
>
> 왕중뤄(王仲犖)
> 《위진 남북조사(魏晉南北朝史)》
> 사대부는… 특권을 받은 사람은
> 나라에 내는 세금과 부역을
> 면제받을 수 있었다.
>
> 군사과학원(軍事科學院)
> 《중국 군사 통사(中國軍事通史)》

이로 인해 사대부 계급은
더욱 사마 씨 정권을 떠받들었고
조정의 평안이 지켜질 수 있었지.

꽃길만
걷게
해줄게!

우리
사마 가문만
따라와!

> 명문가 지주들에 대한 진나라의
> 이런 조치를 통해 그들은 의심의
> 여지 없이 정치적, 경제적으로
> 더 많은 우대를 받았다.
> 이는 통치 계급이 어느 정도
> 조화를 이루는 데 유리했다.
>
> 바이서우이(白壽彝)
> 《중국통사(中國通史)》

이런 새로운 정치는
어느 정도 새로운 정권의
안정을 보장해주었고,

토지 제도의 주된 목적은
각 지역에 있는 자작농들의
재생산을 보호하는 것이다…
귀족 제도를 확립해…
공권력을 다시 세우는 데
큰 역할을 했다.
고단샤 《중국의 역사5 −
중화의 붕괴와 확장 : 위진남북조
(中國的歷史5 −
中華的崩潰與擴大 : 魏晉南北朝)》

국가의 힘도 회복시켜주었어.

사마염 고양이의 이 10년간의 통치는
'태강지치(太康之治, 나라가 안정되고 평안하게 하는 통치)'라고
불리기까지 했지.

진무제가 태강년에 얻은
사회적 번영으로 인해
이 시기의 통치는
'태강지치'라고 불린다.
쉬자오창(許兆昌)
《위진남북조 간사(魏晉南北朝簡史)》

그런데 '태강지치'가
온 나라에 안정적인 미래까지 보장할 수 있었을까?

그건 아니었어.

…태강년의 좋은 경기는
얼마 가지 못했다.
바이서우이(白壽彝)
《중국통사(中國通史)》

왜냐하면 새로운 정치는 '번영'과 함께
보이지 않는 우환도 쌓았거든.

진무제 사마염의
재위 기간(265~290년)은 서진 역사상
가장 좋은 시기였다.
서진의 수많은 중대한 정치,
경제적 조치가 모두 이 시기에
시행되었고, 그 효과를 거뒀다.
하지만 그와 동시에
일부 우환거리를 쌓았다.

주사오허우(朱紹侯)
《중국 고대사(中國古代史)》

예를 들어, '점전과전제'는

비록 나라에서 가질 수 있는
땅의 규모를 정하긴 했지만,

점전 수는 농민이 정부에
토지 등기를 할 때의
최고한도였다.
바이서우이(白壽彝)
《중국통사(中國通史)》

백성들이 정말 정해진 만큼의 농지를
얻었는지 살피지 않은 채

땅이 어디….

농민이 정해진 만큼의
토지를 충분히 점유할 수
있는지에 대해 정부는
확인하지 않은 채
농민에게 반드시
정해진 세금을 내게 했다.
바이서우이(白壽彝)
《중국통사(中國通史)》

세금만 꼬박꼬박 받아 갔어.

일부 백성들은 심각한 착취에 시달리게 되었지.

> 일부 농민들은
> 정부의 착취를 견디지 못하고
> 권세가 있는 사대부 집안에
> 의탁했다.
> 바이서우이(白壽彝)
> 《중국통사(中國通史)》

하지만 사대부 관리들은 특권을 가지고
세금도 내지 않았기 때문에,

향락에 빠지고 부패하기 시작했어.

세족 지주들에게 주어진
무제한적인 특권은
그들을 삶에서나 정치적으로나
부패하게 했다.
바이서우이(白壽彝)
《중국통사(中國通史)》

사마염의 외숙부 왕개(王愷)와
산기상시(散騎常侍) 석숭(石崇)이
서로 부유함을 과시했다.
왕개는 엿으로 솥을 씻었고,
석숭은 초로 장작을 대신했다.
왕개가 피륙의 물감으로 쓰이는
적석지로 벽을 칠하자
석숭은 향료의 열매를 벽에 발랐다.
왕개가 보랏빛 비단으로
40리의 장막을 만들자
석숭은 채색 비단으로
50리의 장막을 만들었다.

바이서우이(白壽彝)
《중국통사(中國通史)》

심지어는 자신의 부유함을
뽐내는 게 일상이 되었지.

그게 뭐!
우리 집에서는 핸드폰에
보호필름 안 붙여!

우리 집에서는
요거트 뚜껑
안 핥아먹어.

관리라는 사람들이 정사는 돌보지 않고
허풍이나 떨기 바쁘고….

거짓말 안 하고
나는 한 글자면 돼.

나는 세 글자만 말하면
관직을 얻을 수 있어.

학식이 있는 사람들은
대부분 정치에 실망했고,
노장(老莊)의 학문에 힘쓰면서
심오한 이치에 대해 논했다.
현실 도피를 위해 소위
'쓸데없는 말'을 하는
유행이 생겼다.

푸러청(傅樂成)
《중국통사(中國通史)》

계속 이런 식으로 가면
국력이 쇠퇴할 수밖에 없었어.

명문가 사대부들은 앉아서
각종 봉건적인 특권을 누리며
발전하려 애쓰지 않고
현재에 안주했으며
실질적인 능력이 부족했다.
그들은 그저 부와 향락을 좇았으며
사치와 욕망을 추구했다…
서진 조정 역시 생활이 부패해지고
정치도 부패해져 갔다.

군사과학원(軍事科學院)
《중국 군사 통사(中國軍事通史)》

가장 큰 문제는 군권에 있었는데,

도독(都督)이 지방에 거하며
그곳의 군정 대권을 쥐고 있으면
황권을 지키는 힘이 될 수도 있지만
지방 할거 세력이 될 수도 있었다.

바이서우이(白壽彝) 《중국통사(中國通史)》

사마염 고양이가 동한의 과거를 교훈 삼아
중앙 병권을 강화했지만

그는 조 씨의 멸망이 '가족'의 도움이
없었기 때문이라고 생각했어.

사마염이 칭제한 후,
전 황조의 망국의 교훈을 정리해보니
위나라 정부가 종실을 속박하고
경계해 황제가 고립무원의
상태에 놓였다고 생각했다.

바이서우이(白壽彝)
《중국통사(中國通史)》

그래서 그는 제후왕을 분봉하기 시작했고,

황실을 지키기 위해
사마염은 다섯 등극의
봉작제도를 실시하고
종실의 삼촌 조카들을 왕에 봉했다.
즉위하자마자 한 번에
27명을 왕으로 봉했고,
이후에도 계속 그 수를 늘려
총 57명의 왕이 생겼다.

바이서우이(白壽彝)
《중국통사(中國通史)》

각 제후는 자신의 땅뿐만 아니라

왕을 봉해 군을 국으로 삼았다.
2만 호가 넘는 곳은 대국이라고 했다…
《진서·지 제4(晉書·志第四)》

자신의 군대도 가질 수 있었지.

사마염은 몇몇 종실 왕에게
군 통솔권을 위임하고
허창, 업성, 장안 등의 전략적 요지에서
수도 낙양을 지키게 했다.
종실 왕에게 이를 맡긴 것은
사마염이 종실의 권력을 강화하려는
중요한 조치였다.

바이서우이(白壽彛)
《중국통사(中國通史)》

사마염 고양이는 제후왕을 세우면
그들이 중앙을 수호할 수 있고,

위나라에서 진나라로
대체되며 황제가 바뀐 것은
궁정 정변을 통해서였다.
진무제는 이런 사변의 재발을
막기 위해서는 반드시
황족이 지방에서 세력을 길러
조정을 지키는 믿을 만한 힘이
되어야 한다고 생각했다.

바이서우이(白壽彛)
《중국통사(中國通史)》

다른 민족이 정권을 빼앗을 수 없다고 생각한 거야.

주평왕(周平王)은 수도를
낙읍(洛邑)으로 옮기고…
천자의 제후를 통제할 수 있는
권력과 직접적으로 소유한 군사적 힘이
갈수록 사라지고 있었다…
지방 경제 발전으로 인해 점차
강대해진 제후국은… 적극적으로
자신의 힘을 발전시켰다.
전국 시대에 제, 위, 조, 한, 진,
초, 연 7개 대국의 경쟁 구도가
형성되었다.

주사오허우(朱紹侯)

《중국 고대사(中國古代史)》

그가 전국 시대를 잊은 게
아닌가 싶네…

안
좋은
추억
….

사마염 고양이가 통치하던 몇십 년 동안

나라의 힘은 회복되었고,

백성들의 삶도 어느 정도 개선되었지만,

진무제의 '태강지치'를 통해
경제적으로 꽤 큰 성과를 얻었고,
사회도 비교적 안정되었다.
주사오허우(朱紹侯)
《중국 고대사(中國古代史)》

'번영'과 동시에
우환의 씨앗을 심었고,

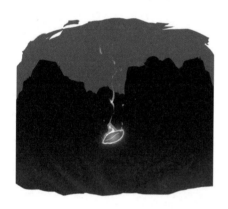

하지만
경제적으로 발전하는 동시에
숨어 있던 우환거리가
겉으로 드러나기 시작했다.
주사오허우(朱紹侯)
《중국 고대사(中國古代史)》

이는 서서히 싹을
틔우고 있었어.

전대미문의 암흑기가 다가오고 있었지.

삼국 시대를 끝내고
중국을 다시 통일한
서진의 무제 사마염은
290년 4월에 세상을 떠났어.
그때부터 중국은
시대의 비탈길에서
미끄러지듯 중국 역사상
흔치 않은 혼란의 시기에
진입하게 되었다.
고단샤《중국의 역사5 –
중화의 붕괴와 확장 :
위진남북조(中國的歷史5 –
中華的崩潰與擴大 :
魏晉南北朝)》

중국 대륙은 또 무슨 일을 겪게 될까?

이어서 계속

삼국이 대립한 기간이 반세기가 넘고, 세 나라 모두 천하를 통일하고자 하는 야심으로 서로 힘겨루기를 했지만, 결국 최후의 승리자는 혜성처럼 나타난 진나라였다. 왜였을까? 그 이유를 살펴보자면, 아마 '새로움' 때문일 것이다. 정권이 아직 서지 않았을 때 사마 씨는 격한 기세로 쇠퇴한 촉한을 끝내고, 위나라를 자양분 삼아 진나라를 세웠다.

젊은 진나라는 평안하게 정권이 과도기를 지나게 했을 뿐만 아니라 적폐를 청산하고 왕성하게 성장했다. 하지만 남아 있던 오나라는 군주가 폭정을 일삼고, 백성들은 쇠약해 스스로 뼈를 깎아 치료할 능력도 힘도 없는 상태였으니 당연히 파도에 휩쓸려 모래사장 위에서 죽을 수밖에 없었다.

통일 후, 서진은 여전히 '옛것을 밀어내고 새것을 내놓았지만' 통일 제국을 다스리는 데 경험과 멀리 보는 식견이 부족하니 반포한 새로운 정책들은 당장을 위한 것이 많고, 장기적으로는 현실성이 없었다. 그래서 잠깐의 번영을 누리는 동시에 영원한 후환을 쌓았다….

사마염 역 - 물만두

참고 문헌 : 《진서(晉書)》, 《진기(晉紀)》, 《후한서(後漢書)》, 군사과학원(軍事科學院) 《중국 군사 통사(中國軍事通史)》, 바이서우이(白壽彛) 《중국통사(中國通史)》, 류춘신(柳春新) 《한(漢) 말 진(晉) 초 정치 연구(漢末晉初之際政治研究)》, 주사오허우(朱紹侯) 《중국 고대사(中國古代史)》, 고단샤 《중국의 역사5 - 중화의 붕괴와 확장 : 위진남북조(中國的歷史5 - 中華的崩潰與擴大 : 魏晉南北朝)》, 왕중뤄(王仲犖) 《위진 남북조사(魏晉南北朝史)》, 쉬자오창(許兆昌) 《위진남북조 간사(魏晉南北朝簡史)》, 푸러청(傅樂成) 《중국통사(中國通史)》

1만 후궁

오나라를 멸한 뒤, 사마염은 오나라 황제의 5,000명의 후궁들을 모두 자신의 궁에 들였고, 그 규모를 1만 명까지 늘렸어. 정말 사치스러웠지.

돈 자랑 대회

서진 후기, 사치 열풍이 불었어. 어떤 두 부호는 돈이 너무 많아서 쓸데가 없자 부유함을 경쟁하기 시작했지. 한 사람이 비단으로 40리의 장벽을 만들자 다른한 사람은 50리를 만들었지. 극단적인 보여주기식 낭비였어.

양차의 후궁 간택

사마염은 오나라를 멸하고 천하가 태평하다고 느껴지니 향락을 즐기기 시작했어. 후궁도 1만 명으로 늘렸지. 그는 매일 양이 끄는차를 타고 다니다가 양이 어떤 궁전 앞에 멈추면 그 궁전에서 밤을 보내곤 했어.

고양이가 중국사의 주인공이라면 ❺

제1판 1쇄 2024년 7월 30일

지은이   페이즈(肥志)

옮긴이   이에스더

펴낸이   장세린

편집   배성분

디자인   얼앤똘비악

펴낸곳   버니온더문

등록   2019년 10월 4일 (제2020-000051호)

주소   서울특별시 용산구 청파로93길 47

홈페이지   http://bunnyonthemoon.kr

SNS   https://www.instagram.com/bunny201910/

전화   010-3747-0594 팩스 050-5091-0594

이메일   bunny201910@gmail.com

ISBN   979-11-93671-17-7 (04910)
ISBN   979-11-969927-0-5 (세트)

책값은 뒤표지에 있습니다.

파본은 구입하신 서점에서 교환해드립니다.